吉田松陰の女子訓

Yoshida Shoin no Joshikun

Masaaki Kawaguchi

川口雅昭

致知出版社

はじめに

ラジオから流れる軽快な曲に合わせ、「戦後女と靴下が強くなったというけれど」などという歌を、ヘラヘラしながら歌っていたのは、五十年近くも昔のことだった。

さて、私は昨夏に刊行させていただいた『吉田松陰に学ぶ 男の磨き方』なる書に、「最近、とみに感じるのは、確固とした目的をもち、果敢に夢に挑戦する女子学生の多さである。将《まさ》に、大和撫子《やまとなでしこ》ここにありの勢いがある。それに比し、男子学生のだらしなさが何と目に付くことか。（中略）男子を叱咤《しった》し、女子の気《き》魄《はく》に近づけねばならない時代が来ようとは。何ともやりきれない」と書いた。その後しばらくして、そもそも我が国の女性は弱かったのかという問題について考えるようになった。そして私の関心は、長年のフィールドであり、戦中まで我が国に影響を与え続けたと思われる吉田松陰先生の時代に、武家の女性はどのような教育を受け、どのような女性が理想とされたのかという問題に向かった。

更に、この問題に引かれたのは、『男の磨き方』執筆のベースとした先生の「武教全書講録」にある次の一文が、私の脳裏に強く残っていたことである。

「女子《じょし》の教戒《きょうかい》の事《こと》、先師《せんし》の深意《しんい》尤《もっと》も味《あじわ(う)》ふべし。夫婦《ふうふ》は人倫《じんりん》の大綱《たいこう》にて、父子《ふし》兄弟《きょうだい》の由《よ(つ)》つて生《しょう》ずる所《ところ》なれば、一家《いっか》盛衰《せいすい》治乱《ちらん》の界《さかい》全《まった》く茲《ここ》にあり。故《ゆえ》に先《ま(ず)》づ女子《じょし》を教戒《きょうかい》せずんばあるべからず。男子《だんし》何程《なにほど》剛腸《ごうちょう》にして武士道《ぶしどう》を守《まも》るとも、婦人道《ふじんみち》を失《うしな(う)》ふ時《とき》は、一家《いっか》治《おさ》まらず、子孫《しそん》の教戒《きょうかい》亦《また》廃絶《はいぜつ》するに至《いた》る。豈《あ》に慎《つつし》まざるべけんや（女子の教戒のことは、山鹿素行《やまがそこう》先生のいわれる深い意味を最も味わうべきである。夫婦というものは人と人との秩序関係の大本《おおもと》であって、父子兄弟関係の生まれ出る源であるから、一家が栄えるか衰えるか、治まるか乱れるかの分かれ目はここにある。だから、まず女子を教え戒めなければならない。男子がどれほど精神を強くたくましくして武士道を守ったとしても、婦人が道を失う時は、家は治まらず、子孫への教えも戒めも廃れて絶えてしまう。どうして慎まないでよかろうか、慎むべきである）」（本書八二頁参照）。

ここで先生は、「まず女子教育である」と断言される。そして、これに続けて当時の状況を、「今世《こんせ》淫泆《いんいつ》の婦《よめ》は往々《おうおう》聞《き》くことあれども、貞烈《ていれつ》の婦《よめ》に至《いた》りては寥々乎《りょうりょうこ》として響《きょう》を絶《ぜっ》す。（中略）余常《よつね》に窃《ひそ》かに是《こ》れを過憂《かゆう》して乱亡《らんぼう》の先兆《せんちょう》とす（今の世において遊興にふけり男女関係にだらしのない婦人のことはよく耳にするが、節操を守る婦人の存在は物寂しい状況で絶えて耳にしない。（中略）私はいつもひそかにこれを世が乱れて滅びる前兆ではないかと大変心配している）」（本書一八七頁参照）と述べ、更に「今世《こんせ》貞烈《ていれつ》の婦《よめ》に乏《とぼ》しき所以《ゆえん》は、父兄《ふけい》の教戒至《きょうかいいた》らざるなり。父《ふ》兄《けい》の教戒至《きょうかいいた》らざる所以《ゆえん》は、其《そ》の自《みずか》ら君父《くんぷ》に事《つか（う）》ふる、忠孝《ちゅうこう》の心《こころ》なければなり（今の世に節操を守る婦人が少ない理由は、父兄の教戒が行きわたっていないからである。父兄の教戒が至らない理由は、彼らが君主や父にお仕えする際に忠孝のまごころがないからである）」（本書一九〇頁参照）と、最終的な原因は、忠孝のまごころのない父兄にあると結論づけている。

一方、現存する史料の中で、先生が叔父玉木文之進《たまきぶんのしん》先生個人宛に送られた最後の手紙と思われる、安政《あんせい》六年（一八五九）五月十九日付の書翰《しょかん》において、先生は「詩経《しきょう》に『豈《あ》に膏沐《こうもく》なからんや。誰《た》れを適《あるじ》として容《かたち》を為《な》さん』とか申《もう》す二句《にく》、曽《かつ》て何心《なにごころ》なく読《よ》み居《お》り候 所《そうろうところ》、後《のち》に曹大家《そうたいこ》の女誡専心《じょかいせんしん》の篇《へん》を見《み》候《そうら(え)》へば上下《じょうげ》の文《ぶん》ありて、中《なか》に『出《い》でては冶容《やよう》なく、入《い》りては廃飾《はいしょく》なし。……此《こ》れ則《すなわ》ち専心正色《せんしんせいしょく》と謂《い(う)》ふ』とあり。又上下《またじょうげ》の文《ぶん》ありて、『入《い》りては則《すなわ》ち髪《かみ》を乱《みだ》し形《かたち》を壊《みだ》り、出《い》でては則《すなわ》ち窈窕態《ようちょうたい》を作《な》す。……此《こ》れ専心正色《せんしんせいしょく》なる能《あた(わ)》はずと謂《い(う)》ふ』と之《こ》れあり候《そうろう》。（中略）膏沐《こうもく》は偏《ひとえ》に夫《おっと》に事《つか(う)》ふる礼《れい》にて、他人《たにん》へ見《み》せものに致《いた》すには之《こ》れなき筈《はず》にて、詩語《しご》乃《すなわ》ち礼意《れいい》かと存《ぞん》じ奉《たてまつ》り候《そうろう》〔『詩経』に、「どうして紅を付けたり髪を洗ったり、身だしなみに気を付けないのだろうか。誰を主人として形を整えるのだろう」とかいう二句について、私はかつてこれを何とも思わず読んでおりましたが、後に曹大家の『女誡』専心篇を見ておりましたら、その前後の文章があり、その中に、「外出時にはなまめかしい容姿にはならず、家にいる時には美しく飾っている。……これを正しい身繕いという」とあった。また、「家にいる時は髪を乱し、外出する際には艶《あで》やかな姿をする。……これを正しい身繕いをすることができないという」とあった。（中略）身だしなみは専《もっぱ》ら夫に仕える時の礼儀であって、他者へ見せるためのものではないはずであり、『詩経』の言葉はつまり礼儀を説いているかと思います」」（本書一三八頁参照）と述べ、そして「丈人様《じょうじんさま》尤《もっと》もとも思召《おぼしめ》し候《そうら（わ）》はば、宗族中《そうぞくちゅう》の婦女共《ふじょども》へ此《こ》の趣《おもむき》御講談《ごこうだん》頼《たの》み奉《たてまつ》り候《そうろう》。閨門《けいもん》は正家《せいけ》の本《もと》に候《そうら（え）》へば狂姪《きょうてつ》の迂論《うろん》に及《およ》ばずして人々《ひとびと》講究《こうきゅう》の事《こと》とは存《ぞん》じ奉《たてまつ》り候《そうら（え）》へども、訣語《けつご》申上《もうしあ》げ候《そうろう》なり（叔父上様ももっともであるとお考えであれば、一族中の婦女子たちへこのことを諭《さと》してくださるようお願い申し上げます。夫婦の関係が家を正しく整える根本でありますので、私などが今更口にするまでもなく、すでに皆さんお考えのこととは思いますが、お別れの言葉として一言申し上げました）」（本書一四一頁参照）と結んでいる。私はこれにも大変な衝撃を受けた。これまでずっと抱いてきた先生のイメージ、つまり幕末の志士、松下村塾の主宰者という姿とは全く違う先生がここにいらっしゃるというだけでなく、女子教育にここまで言及されていたという発見ができたからである。

　これらの衝撃は、これまで自明のこととして考えてこなかった、男尊女卑論、また、良妻賢母論について先生はどう考えていたのか、また、そもそも女子教育についてどうお考えだったのだろうかなどという疑問へ向かわせた。そして、これらを知りたいという単純な思いにより、私はこの書の執筆に取り組んだ。

　本書をお読みいただければ、「吉田松陰」のことはほぼ知っているという自負をおもちの方でも、必ずや全く未知の吉田松陰先生との「出会い」があると信じている。

　本書執筆にあたり、刊行をお許しくださった致知出版社の藤尾秀昭社長、担当いただいた小森俊司氏、また、多忙な中、終始「指導」してくれた山口県立宇部高等学校時代の教え子で、現山口県立岩国高等学校広瀬分校教頭の杉原宏之君、同山口高等学校時代の教え子で、現東海学園大学准教授の烏田直哉君に、心からお礼申し上げる。

また、基礎作業を手伝ってくれた澁谷若菜さんもその名前を記して御礼とする。四年前から姉の文野さんと共に、私のような者の「指導」に付いてくるこの子が、「先生がこの本を私たち姉妹に読ませたかった理由がわかりました。将来子育てをするときに手放せない一冊になりそうです」とのメールをくれた。講演で出会った時、まだ高校生だったこの子の成長を感じ、望外の喜びを感じた。

この度の刊行作業、改めて己《おの》れの勉強不足を思い知らされ、大変よい勉強となった。これを真っ先に恩師上田孝治先生及び井上久雄先生の墓前にご報告したい。

平成二十七年二月仲六日記

人間環境大学　川口雅昭

吉田松陰の女子訓＊目次

第一章　兄として妹たちへ

第二章　女子の心得

第三章　士の妻たる者は

第四章　母の道を説く

第五章　松陰の女性観

第六章　母への想い

装　　幀――川上成夫
編集協力――柏木孝之
イラスト――小倉マユコ

第一章

兄として妹たちへ

常に杉家のことを気に懸けていた松陰。
特に千代、壽子、文の妹たちには
細かなことにまで口を挟まずにはおれない、
優しい兄であった。

■心清ければよし

阿兄《あけい》は常《つね》に妹共《いもうとども》を戒《いまし》むるに、心清《こころきよ》ければよし、貧《まず》しきに富《と》めるが如《ごと》く見《み》せ、破《やぶ》れたるを殊更《ことさら》に完《ま(っ)》たかる如《ごと》くに示《しめ》さんとするは悪《わる》し、婦人《ふじん》たるものはよく〳〵心得《こころう》べしと言《い(い)》ひにき。自分《じぶん》は今《いま》も尚《な》ほ《(お)》阿兄《あけい》の声《こえ》が耳底《みみぞこ》に響《ひび》くが如《ごと》く覚《おぼ》ゆるなり。

明治《めいじ》四十一年（一九〇八）九月「松陰先生《しょういんせんせい》の令妹《れいまい》を訪《と(う)》ふ」松宮丹畝《まつみやたんほ》

【訳】

兄松陰は常に私共妹を戒めるにあたり、心が清らかであればよい、貧しいのにお金があるように振る舞うとか、破れているものをわざわざ完全であるかのように見せようとするのはよくない、女性たる者はこれをよく心得るようにといっておりました。私は今でも兄松陰の声が耳底に響いてくるかのように思われます。

【解説】

松陰は、長男梅太郎《うめたろう》（二歳上）、次男松陰、長女千代《ちよ》（二歳下）、次女壽子《ひさこ》（十歳下）、三女艶子《つやこ》（十二歳下。早世）、四女文《ふみ》（十四歳下）、三男敏三郎《としざぶろう》（十六歳下）という七人兄弟であった。

松陰はその千代について、「千代《ちよ》は勤苦克《きんくよ》く家道《かどう》を修《おさ》む、吾《わ》れ則《すなわ》ち之《こ》れを敬《けい》す（千代は苦労しながら、よく家のことを行った。私は千代を尊敬している）」と記し、また、千代も「阿兄《あけい》の感化《かんか》を受《う》けたり（兄松陰の影響を受け、心が変わりました）」と述べている。

「心《こころ》清《きよ》ければよし」とは、松陰刑死五十年後も千代の心を導き続けた松陰の教えである。

■両親の体調にも心配るよう

申《もう》すも疎《おろ》かに存《ぞん》じ候《そうら(え)》へども温《おん》清《せい》定《てい》省《せい》、壽《ひさ》等《とう》迄《まで》へも然《しか》るべく御《ご》致《ち》声《せい》冀《ねが(い)》ひ上《あ》げ奉《たてまつ》り候《そうろう》。

嘉永《かえい》三年（一八五〇）十月十三日「兄《あに》杉《すぎ》梅《うめ》太《た》郎《ろう》宛《あて》書翰《しょかん》」

【訳】

いうまでもありませんが、ご両親様に対し、冬には暖かく、夏には涼しくし、夕方には寝具を整え、朝には体調うかがいなどを続け行うよう、妹壽《ひさ》等にまでもご伝言くださるよう、お願い申し上げます。

【解説】

この時、松陰は初の藩外遊学である「平戸《ひらど》遊学」の最中であった。その記録「西遊《さいゆう》日記」十月十三日の条には、「葉山《はやま》にて聖武記《せいぶき》。田村文左衛門《たむらぶんざえもん》も亦至《またいた》り談話《だんわ》す。文《ぶん》より配所残筆《はいしょざんぴつ》を借《か》る（葉山左内《はやまさない》の家で魏源《ぎげん》の『聖武記《せいぶき》』を読んだ。田村文左衛門もまたやってきて、話をした。文左衛門より山鹿素行先生《やまがそこうせんせい》の『配所残筆』を借りた）」とある。この、兄梅太郎宛の書翰は、現状報告が内容の中心である。しかし、その中には、「来月上旬《らいげつじょうじゅん》の頃長崎《ころながさき》へ出《い》で、郡司覺《ぐんじかく》（之進《のしん》）と同道《どうどう》にて肥後《ひご》へ廻《まわ》り、清政公《せいしょうこう》へ参《まい》り、弟敏《おとうととし》の為《た》めに物言《ものい（う）》ふ事《こと》ども祈《いの》り候《そうらい》て帰《かえ》り候《そうろう》積《つも》りに御座《ござ》候《そうろう》（来月上旬頃長崎へ出て、郡司覺之進と一緒に肥後へ回り、加藤清政公の浄池廟《じょうちびょう》へお参りし、弟敏三郎が話せるようになるようにと祈願してから帰るつもりです）」との一節もあり、松陰の、弟敏三郎を案ずる気持ちがうかがえる。そして、それに続けて記しているのが、妹たちへのこの教えである。

多忙な中でも妹たちへの教えを兄梅太郎に託す松陰に、妹らを思う細やかな心遣いと、この兄弟の絆《きずな》の深さを感じる。これも両親の教育の結果であろう。

■詩歌・茶湯・棋・書画・印・立花・能・謡・浄瑠璃——厭ふべし

詩歌《しいか》・茶湯《ちゃのゆ》・棋《き》・書画《しょが》・印《いん》・立花《りっか》・能《のう》・謡《うたい》・浄瑠璃《じょうるり》、嗟々《ああ》、陋《ろう》なるかな。厭《いと(う)》ふべし、厭《いと(う)》ふべし。

嘉永《かえい》四年（一八五一）八月十七日「兄杉梅太郎宛書翰《あにすぎうめたろうあてしょかん》」

【訳】

漢詩や和歌・茶道・将棋・書画・印刻・華道・能・浄瑠璃などは何ともつまらないものだなあ。止めておこう、止めておこう。

【解説】

この時、松陰は初めての江戸遊学中であった。江戸に着いたのは嘉永四年四月九日である。六月下旬、松陰は友人中村道太郎にあて、「江戸《えど》の地《ち》には師《し》とすべきの人《ひと》なし」と送っていた。江戸遊学に燃える、若さ故の一言であろう。ところが、七月には、江戸と長州の学問レベルの差に「当惑《とうわく》しております」となり、そして、この八月の書中では、「是《こ》れ迄《まで》学問《がくもん》迚《とて》も何一《なにひと》つ出来《でき》候《そうろう》事《こと》之《こ》れなく、僅《わず》かに字《じ》を識《し》り候《そうろう》迄《まで》に御座候《ござそうろう》。夫《そ》れ故《ゆえ》方寸《ほうすん》錯乱《さくらん》如何《いかん》ぞや（これまで、学問など何一つできたものはなく、考えてみれば、僅かに文字を知っていただけでした。ですから、心の動揺はいかほどのものでありましょう。大変錯乱しております）」と記すまでに変化している。ここから、松陰はこの時失意のどん底にいたことが分かる。

そのような状況であったことを差し引いて考えても、ここに見られる茶道・将棋・書画・印刻・華道などを「風流《ふうりゅう》・奢侈《しゃし》・遊芸《ゆうげい》」として、松陰は生涯にわたって否定し続けた。

松陰の生家杉家の家禄《かろく》が二十六石であることなどを考えれば、お茶、お花などのお稽古事に通わせるほどの余裕などなかったことも間違いなかろう。

■かよいあう「まごころ」

扨《さ》て又別《またべつ》にしたため《（認）》たる文《ふみ》に付《つ》き、うた《（歌）》をよみ《（詠）》候間《そうろうあいだ》ここにしるし《（記）》侍《はべ》りぬ。頼《たの》もしや誠《まこと》の心《こころ》かよふ《（う）》らん文《ふみ》みぬ先《さ》きに君《きみ》を思《おも》ひ《（い）》て右《みぎ》のしたため《（認）》たるは、そもじを思《おも》ひ《（い）》候《そうろう》よりふで《（筆）》をとりぬるが、其《そ》のよ《（夜）》、そもじの文《ふみ》の到来《とうらい》せしは定《さだ》めて誠《まこと》の心《こころ》の文《ふみ》より先《さ》きに参《まい》りたるにやと、いとたの《（頼）》もしくぞんじ《（存）》候《そうろう》まま、かくよみ《（詠）》たり。

安政《あんせい》元年（一八五四）十二月三日「妹《いもうと》　千代《ちよ》宛書翰《あてしょかん》」

【訳】

さて、また別に書いた手紙ですが、歌を詠んだのでここに記します。

嬉しいもんだなあ。まごころが通じ合ってる証《あかし》だ。お前からの手紙が来る前に、お前のことを思っていたのだから。

この手紙は、お前のことを心配して筆をとったところでしたが、ちょうどその夜にお前の手紙が来るとは、きっとまごころが手紙より先に来ていたのだろうと何とも嬉しく思い、このように詠みました。

【解説】

「頼《たの》もしや誠《まこと》の心《こころ》かよふ(う)らん文《ふみ》みぬ先《さ》きに君《きみ》を思《おも》ひ(い)て」、まるで恋人に宛てたかのような歌である。これを妹千代に贈るところに、この兄と妹の結びつきの強さを感じる。確かに、後年、千代が「梅太郎《うめたろう》は寅次郎《とらじろう》に二歳《にさい》の長《ちょう》、自分《じぶん》は二歳《にさい》の幼《よう》、年《とし》の隔《へだた》り少《すく》なき為《た》め、同胞中殊《どうほうちゅうこと》に三人《さんにん》は睦《むつまじ》かりき」と回顧《かいこ》したように、兄弟の中で上の三人は特別に仲がよかったのであろう。

松陰は、すでに母親でもあった千代に対して、子供たちの兄弟仲はかくあれと教えたかったのではなかろうか。

■よくないことに染まることのないように

正《ただ》しきは人《ひと》の持前《もちまえ》とは申《もう》せども、人《ひと》は至つ《いた(っ)》てさとき《(聡)》もの故《ゆえ》、正《ただ》しからぬ事《こと》に感《かん》ずるも又《また》速《すみや》かなり、能々《よくよく》心得《こころう》べきことならずや。

安政《あんせい》元年（一八五四）十二月三日「妹《いもうと》千代《ちよ》宛《あて》書翰《しょかん》」

【訳】

正しいということは人のもって生まれたものだとはいっても、人というものは極めて感覚が鋭敏であるので、正しくないことに感じることもまた早いものである。しっかり用心するべきことではないか。

【解説】

人の性善を説く一方で、松陰は、人はまた「正《ただ》しからぬ事《こと》に感《かん》ずるも又速《またすみや》かなり」と述べ、「能々心得《よくよくこころう》べきことならずや」と注意を喚起している。至れり尽くせりというべきか。

■先祖へ報告する

一事《いちじ》を行《おこな（う）》ふにも先祖《せんぞ》へ告《の》り奉《たてまつ》りて後行《のちおこな（う）》ふ様《よう》にすべし。さすれば自《おのずか》ら邪事《よこしまごと》なく、する事《こと》なす事皆道理《ことみなどうり》に叶《かな（い）》ひて、其《そ》の家自《いえみずか》ら繁昌《はんじょう》するものなり。もしこのこころえ《（心得）》なく己《おのれ》が心《こころ》まかせに吾侭一杯《わがままいっぱい》を働《はたら》きなば、如何《いか》で其《そ》の家衰微《いえすいび》せざらんや。

安政《あんせい》元年（一八五四）十二月三日「妹《いもうと》千代《ちよ》宛書翰《あてしょかん》」

【訳】

どのようなことを行うにも先祖へ告《つ》げてから行うようにするべきである。そうすれば自然とよこしまなことはなく、行うこと全てが皆道理にかなって、その家は繁栄するものである。もしもこのような気持ちがなく、自分の思うままにわがままをつくせば、どうしてその家は衰頽《すいたい》しないことがあろうか、必ず衰頽する。

【解説】

「邪事《よこしまごと》」、「己《おのれ》が心《こころ》まかせに吾侭一杯《わがままいっぱい》」の否定。逆に、どんなことを行うにも、「先祖《せんぞ》へ告り《の》奉り《たてまつ》て後行ふ様《のちおこな(う)よう》にすべし」とは、公明正大《こうめいせいだい》の勧《すす》めか。松陰はどこまでも公明正大たれと説く。

■神様を拝むには

世《せ》俗《ぞく》にも神信心《かみしんじん》といふ《(う)》事《こと》する人《ひと》もあれど、大《たい》てい心得《こころえ》違《ちが》ふ《(う)》なり。（中略）神《かみ》と申《もう》すものは正直《しょうじき》なる事《こと》を好《この》み、又清浄《またせいじょう》なる事《こと》を好《この》み給《たま》ふ《(う)》。夫《そ》れ故《ゆえ》神《かみ》を拝《おが》むには先《ま》づ《(ず)》己《おのれ》が心《こころ》を正直《しょうじき》にし、又《また》己《おのれ》が体《からだ》を清浄《せいじょう》にして、外《ほか》に何《なん》の心《こころ》もなくただ謹《つつし》み拝《おが》むべし。是《こ》れを誠《まこと》の神信心《かみしんじん》と申《もう》すなり。その信心《しんじん》が積《つも》りゆけば二六時中《にろくじちゅう》己《おのれ》が心《こころ》が正直《しょうじき》にて体《からだ》が清浄《せいじょう》になる、是《こ》れを徳《とく》と申《もう》すなり。

安政《あんせい》元年（一八五四）十二月三日「妹《いもうと》千代《ちよ》宛《あて》書翰《しょかん》」

【訳】

世の中にも神様を信仰するという人もいるが、大抵考え違いをしている。（中略）神様というものは正直であること、清く汚れのないことをお好みになる。だから神様を拝むには、まず自分の心を正直にして自分の体を清浄にし、外《ほか》に何の心ももたずにただうやうやしく拝むべきである。これを本当の神様信仰という。その信仰する心が積もって行けば常に心が正直となり、体も清浄となる。これを徳というのである。

【解説】

松陰は「神信心《かみしんじん》」について、心の「正直」、また、体の「清浄」の重要性を説く。そして、参拝とは、何かを願うのではなく、ただ無心に神様を拝むことに尽きると教えている。

■まごころさえあれば

菅丞相《かんじょうしょう》の御歌《おうた》に、「心《こころ》だに誠《まこと》の道《みち》に叶《かな》ひ《(い)》なば祈《いの》らずとても神《かみ》や守《まも》らん」。又俗語《またぞくご》に、「神《かみ》は正直《しょうじき》の頭《こうべ》に舎《やど》る」といひ《(い)》、「信《しん》あれば徳《とく》あり」といふ《(う)》、能々考《よくよくかんが》へ《(え)》て見《み》るべし。

安政《あんせい》元年（一八五四）十二月三日「妹《いもうと》千代《ちよ》宛書翰《あてしょかん》」

【訳】

菅原道真公のお歌に、「心さえ誠の道にかなっているのであれば、祈らなくても神はお守りくださるであろう」とある。また、俗に「神様は誠実な心をもって正直に生きる者を見守っておられ、必ずそのご加護がある」といい、「信仰すれば必ず福徳の報いがある」ともいう。しっかりと考えてみなさい。

【解説】

「心《こころ》だに誠《まこと》の道《みち》に叶《かな（い）》ひなば祈《いの》らずとても神《かみ》や守《まも》らん」、これを「能々考《よくよくかんが（え）》へて見《み》るべし」と妹に懇々《こんこん》と説く松陰。この情景を思うだけで、私共まで心が浄《きよ》められるようである。

■仏

仏《ほとけ》と申《もう》すものは信仰《しんこう》するに及《およ》ばぬ事《こと》なり。されど強《あなが》ち人《ひと》にさから《(ア)》うて仏《ほとけ》をそしるも入《い》らぬ事《こと》なり。

安政《あんせい》元年（一八五四）十二月三日「妹《いもうと》千代《ちよ》宛書翰《あてしょかん》」

【訳】

仏様というものは信仰するほどのものではない。しかしながら強《し》いて他者に逆らって仏様の悪口をいうことも不要である。

【解説】

松陰は妹千代に、「仏《ほとけ》と申《もう》すものは信仰《しんこう》するに及《およ》ばぬ」と教える一方で、他者の前でわざわざ「仏」の悪口をいうこともないと教えている。他者は他者であり、己れが正しいと信じたことは確乎《かっこ》として堅持《けんじ》し、他者とは共存せよとの教えか。

■従兄弟たちとも仲良く

親族《しんぞく》を睦《むつま》じくする事大切《ことたいせつ》なり。（中略）従兄弟《いとこ》と申《もう》すもの、兄弟《きょうだい》へさしつづいて親《した》しむべき事《こと》なり。然《しか》るに世《よ》の中従兄弟《なかいとこ》となれば甚《はなは》だ疎《うと》きものおほ《（お）》し。（中略）併《しか》しながら従兄弟《いとこ》のうと《（疎）》きと申《もう》すは、元来父《がんらいふ》母《ぼ》・祖父母《そふぼ》の教《おしえ》の行《ゆ》きとどかぬなり。子《こ》を教《おし》ふ《（う）》るもの心得《こころう》べきなり。凡《およ》そ人《ひと》の力《ちから》と思《おも》ふ《（う）》ものは兄弟《きょうだい》に過《す》ぎたるはなし。もし不幸《ふこう》にして兄弟《きょうだい》なきものは従兄弟《いとこ》にしくはなし。従兄弟《いとこ》・兄弟《きょうだい》は年齢《ねんれい》も互《たがい》に似寄《によ》りて、もの学《まなび》しては師匠《ししょう》の教《おしえ》を受《う》けし事《こと》をさらへ《（え）》、事《こと》を相談《そうだん》しては父母《ふぼ》の命《おおせ》をそむかぬごとく計《はか》らふ《（う）》、皆他人《みなたにん》にてとどく事《こと》にあらず。此《こ》の処《ところ》を能《よ》く考《かんが》ふ《（う）》べき事《こと》なり。

安政《あんせい》元年（一八五四）十二月三日「妹《いもうと》千代《ちよ》宛書翰《あてしょかん》」

【訳】

親戚で仲良くすることが大切である。（中略）従兄弟というものは、兄弟に続いて仲良くすべきものである。（中略）それなのに、世の中では従兄弟ともなれば大変疎遠なものが多い。しかし、従兄弟が疎遠ということは、元々父母や祖父母の教えが足りないのである。子供を教える者は心得ておくべきことである。そもそも人が頼りにすべき者は、兄弟に勝《まさ》る者はいない。もしも不幸にして兄弟がいなければ従兄弟に勝る者はいない。従兄弟・兄弟は年齢も互いに似ており、習い事をしても師匠から教えられたことを復習したり、色々なことを相談しても父母のおっしゃることに背《そむ》かないように忠告してくれるなど、皆他人ではできることではない。このようなことをしっかり考えるべきである。

【解説】

松陰は「師匠」から学んだことを一緒に復習したり、また、父母の教えに背かないように忠告してくれるというところに従兄弟というものの意義がみられると説いている。なるほど、いわれてみれば、将にこの通りであろう。
これも杉家の兄弟仲の良さ故の教えとみるべきか。

■国も家も道理は同じ

吐谷渾《とこくこん》と申《もう》す夷国《えびすくに》の阿豺《あさい》と申《もう》す人《ひと》、子二十人《こにじゅうにん》あり。病気大切《びょうきたいせつ》なりければ、弟《おとうと》の慕利延《ぼりえん》を召《よび》て申《もう》すには「汝一本《なんじいっぽん》の矢《や》をとり《（取）》てをれ《（折）》」。慕利延《ぼりえん》これを折《お》りたれば、又申《またもう》すには「汝十九本《なんじじゅうきゅうほん》の矢《や》をとり《（取）》てを《（折）》れ」。慕利延折《ぼりえんお》る事《こと》あたはず。阿豺申《あさいもう》すには「汝等能《なんじらよ》く心得《こころえ》よ、一本立《いっぽんだて》なれば折《お》りやすし、数本集《すうほんあつ》まれば折《お》りがたし、皆々一致《みなみないっち》し国《くに》を固《かた》めよかし」と。国《くに》にても家《いえ》にても道理《どうり》は同《おな》じ事《こと》なり。

安政《あんせい》元年（一八五四）十二月三日「妹《いもうと》　千代《ちよ》宛書翰《あてしょかん》」

【訳】

吐谷渾《とこくこん》という外国の阿豺《あさい》という人に子供が二十人いた。阿豺は病気が重くなったので、弟の慕利延《ぼりえん》を呼び、「お前、一本の矢を取って折れ」といった。慕利延が折ったところ、また「お前、十九本の矢を取って折れ」といった。慕利延は折ることができなかった。阿豺がいうには、「お前たちよく心得よ。一本なら折りやすいが、数本集めれば折りがたい。皆で一致して国家の守りを固めよ」と。国家も家も道理は同じことである。

【解説】

松陰は「国《くに》にても家《いえ》にても道理《どうり》は同《おな》じ事《こと》」として、一致団結を説いている。この背景には、毛利家の「百万一心《ひゃくまんいっしん》」や「三矢《さんし》の教《おし》え」があったのであろうか。

■用心すべきは婦人の言葉

とかく婦人《ふじん》の詞《ことば》よりして親族不和《しんぞくふわ》となる事《こと》おほし（多）、忘《わす》るべからず。

安政元年《あんせいがんねん》（一八五四）十二月三日「妹千代宛書翰《いもうとちよあてしょかん》」

【訳】

ややもすれば婦人の言葉から親戚が不仲となることが多い。忘れてはいけない。

【解説】

老若男女の別、また、時代を問わず、これは真理であろう。あるいは千代もすでに知っていた教えかと思われるが、松陰は敢《あ》えて妹千代に書き送っている。松陰は妹たちにとって大事と思うことは、何度も何度も語る兄であった。

■杉家に伝わる六つの美事

杉《すぎ》の家法《かほう》に世《よ》の及《およ》びがたき美事《びじ》あり。第一《だいいち》には先祖《せんぞ》を尊《とうと》び給《たま(い)》ひ、第《だい》二《に》に神明《しんめい》を崇《あが》め給《たま(い)》ひ、第三《だいさん》に親族《しんぞく》を睦《むつま》じく給《たま(い)》ひ、第四《だいよん》に文学《ぶんがく》を好《この》み給《たま(い)》ひ、第五《だいご》に仏法《ぶっぽう》に惑《まど(い)》ひ給《たま(わ)》はず、第六《だいろく》田畠《たはた》の事《こと》を親《みずか》らし給《たま(う)》ふの類《たぐい》なり。是《こ》れ等《ら》の事《こと》吾《わ》なみ兄弟《きょうだい》の仰《あお》ぎのつ《(っ)》とるべき所《ところ》なり。皆々《みなみな》能《よ》く心懸《こころが》け候《そうら(え)》へ、是《こ》れ則《すなわ》ち孝行《こうこう》と申《もう》すものなり。(中略)拙《つたな》きは何《なん》とせう《(しょう)》、御閑御座候《おひまござそうら(わ)》はば半紙《はんし》五行《ごぎょう》位《くらい》に読《よ》みよきやう《(様)》に御認《おしたた》め、両《りょう》妹《まい》などへ御与《おあた(え)》へ遣《つか(わ)》はさる間布《まじ》くや。恐《おそ》れながら尊大人《そんたいじん》へ御頼《おたの》み仕《つかまつ》り然《しか》るべくや、万々宜《ばんばんよろ》しく頼《たの》み奉《たてまつ》り候《そうろう》。

安政《あんせい》元年(一八五四)十二月三日「妹《いもうと》千代《ちよ》宛書翰《あてしょかん》」

【訳】

杉家に伝わるものに、世間ではなかなか行われない素晴らしいことがある。第一に先祖を尊ぶこと、第二に神様を崇《あが》めること、第三に親族が仲良くすること、第四に学問を好むこと、第五に仏法に迷わないこと、第六に田畑を自ら耕作することなどである。これらは我ら兄弟が求め、手本とするべきことである。皆々よく心掛けなさい。これがつまり孝行というものです。（中略）（私のまとめたものは）稚拙であることはともかく、時間があればこれを半紙五行くらいの読みやすい形にまとめ直し、二人の妹壽子、文などへ渡してくださいませんか。恐れ多いことですが父上様へお願いし、そのようにしてくださるようくれぐれも宜しくお願いします。

【解説】

「杉《すぎ》の家法《かほう》に世《よ》の及《およ》びがたき美事《びじ》あり」と、兄松陰が妹千代に語れるというところに、杉という家の素晴らしさがある。特に「田畠《たはた》の事《こと》を親《みずか》らし給《たま(う)》ふの類《たぐい》」までも、「吾《わ》なみ兄弟《きょうだい》の仰《あお》ぎのつ《（つ）》とるべき所《ところ》」とし、これも「孝行」であると断じていることは、注目に値する。更に、松陰は千代に、これらを父百合之助に頼んで半紙にまとめてもらい、下の妹の壽子や文にも教えなさいと命じている。これこそ将に杉家の「美事」というべきであろう。

■俳句のすすめ（1）

発句《ほっく》の事《こと》に付《つ》き申《もう》しこ《（越）》され候《そうろう》趣《おもむき》承知《しょうち》致《いた》し候《そうろう》。どうぞ心懸《こころが》けられ候《そうら（え）》へかしとぞ《（存）》んじ候《そうろう》。さして六ケ敷《むずかし》き事《こと》にはあるまじく候《そうろう》。存《ぞん》じ候所《そうろうところ》を申《もう》すべし。発句《ほっく》は趣向《しゅこう》をたててすべし。題《だい》に相応《そうおう》の趣向《しゅこう》あるべし。たとへ《（え）》ば梅《うめ》の句《く》なれば梅《うめ》は体《たい》なり、夫《そ》れへ橋《はし》にてももつ《（っ）》てむかふ《（う）》が則《すなわ》ち趣向《しゅこう》なり、あとは句作《くづく》りと心得《こころう》べし。（中略）発句《ほっく》には必《かなら》ず季節《きせつ》と申《もう》すものを入《い》れねばあし《（悪）》し。（中略）此《こ》の間当所《かんとうしょ》にて出《で》来《き》たる発句《ほっく》左《さ》に出《だ》す。うら枯《が》れや、只《ただ（そ）》さう〳〵と、夜《よる》の風《かぜ》　題《だい》うら枯《がれ》（中略）此《こ》のるゐ《（類）》にて御考《おかんが（え）》へ候《そうらい》て一二句《いちにく》読《よ》みて見給《みたま（え）》へ。

安政《あんせい》元年（一八五四）十二月三日「妹《いもうと》千代《ちよ》宛書翰《あてしょかん》」

【訳】

俳句のことについておっしゃった趣旨は承知しました。どうか、俳句作りに励んでほしいと思います。それほど難しいことではないはずです。知っていることを申します。俳句は工夫をこらして作るべきです。題にそれ相応の工夫があるべきです。例えば梅という句であれば、梅は主体であり、そこへ橋などを通って行くというのが工夫である。後は句を作ればいいと心得なさい。（中略）俳句には必ず季節というものを入れなければいけません。（中略）この間、こちらで作った俳句を次に記します。そうそうと吹く夜の風（が徐々に冷たくなってきている、草木の葉先が枯れ始めていくことよ）。題は「うら枯」（中略）この類を参考にしてよく考え、一二句読んでみなさい。

【解説】

松陰は萩の野山獄入獄後、同囚教化の一手段として、同囚吉村善作《よしむらぜんさく》を師として俳句の会を開催している。一方で、ここに見られるように、獄中から懇切丁寧に妹の俳句の指導までしていた。これも妹千代への教育の一環だったのであろう。

■新年――心から新に

弟妹《おとうといもうと》の為《た》めに新年《しんねん》の祝儀《しゅうぎ》申《もう》し候《そうろう》。善《よ》くきき《(聞)》候《そうろう》べし。先《ま》づ《(ず)》新年《しんねん》御《お》目出度《めでと》う御座《ござ》ります。(中略)扨《さ》て新年《しんねん》とは、にひ《(い)》なとし《(年)》と云《い》ふ《(う)》事《こと》ぞ。にひ《(い)》なとは新《にい》な着《き》もの、新《にい》な道具等《どうぐとう》にて考《かんが》へ《(え)》て見《み》よ、あか《(垢)》も付《つ》かず、きず《(傷)》もない立派《りっぱ》なものをいふ《(う)》ぞ。着物《きもの》や道具《どうぐ》の新《にい》なは分《わか》りたが、年《とし》がにひ《(い)》な(中略)其《そ》のにひ《(い)》なが目出度《めでた》いとは、尚更不分《なおさらふわか》りではないか。分《わか》らずば申《もう》さう《(そ)》。年《とし》も旧《ふる》びるとあか《(垢)》も付《つ》くてや《(ちゃ)》、きず《(傷)》も付《つ》くてや《(ちゃ)》、夫《そ》れでにひ《(い)》なとし《(年)》が御目出度《おめでた》いてや《(ちゃ)》。凡《およ》そ人《ひと》といふ《(う)》ものは気持《きもち》が六ケ敷《むずかし》いもので、節季《せっき》しゆわす《(師走)》に成《な》ると、えい今《こ》とし《(年)》は今《いま》わづ《(ず)》かぢや《(じゃ)》、破《やぶ》れこぶれぢや《(じゃ)》、来年《らいねん》からこそおのれと云《い》ふ《(う)》ではないか。夫《そ》れが年《とし》のあか《(垢)》つ《(付)》き、きず《(傷)》つ《(付)》いた所《ところ》ぢや《(じゃ)》。扨《さ》て一夜明《いちやあ》けると人《ひと》の気《き》がしやん（しゃん）として、心《こころ》からにひ（い）になるものぢや（じゃ）。そこで新年御《しんねんお》目出度《めでた》いではないか。

安政《あんせい》二年（一八五五）正月元日「妹《いもうと》千代《ちよ》宛書翰《あてしょかん》」

【訳】

弟や妹のために新年のお祝いを申します。よく聞きなさい。まずは新年おめでとうございます。（中略）さて、新年とは新しい年ということである。新しいとは新しい着物、道具などで考えてみなさい。垢も付かず、傷もない、立派なものをいうのである。着物、道具の新品は分かったが、年が新しい（中略）その新しいことがめでたいとは、尚更《なおさら》分かりにくいことではないか。分からなければいおう。年も古くなると垢も付くし傷も付く。だから、新年がおめでたいということだ。そもそも人というものは、気持ちがむずかしいもので、季節も十二月になると、「よし、今年ももう少しだ。破れかぶれだ。来年からだ」ともいうではないか。これが年に垢が付き、傷がついたということだ。ところが、一夜明けて新年を迎えると、人の気もしゃんとして、新しい気持ちになるものである。だから、新年はおめでたいではないか。

【解説】

新年が何故めでたいのか。松陰はこんなことまで千代に教えている。

■手習に精を出すこと

阿久《おひさ》・阿安《おやす》、手習《てならい》は出精《しゅっせい》するか。書初《かきぞめ》ども見《み》せ見《み》せ。歳徳《とくとく》さまへ上《あ》げたか上《あ》げたか。

安政《あんせい》二年（一八五五）正月元日「妹《いもうと》千代《ちよ》宛書翰《あてしょかん》」

【訳】

妹壽子、弟敏三郎、習字に励んでいるか。書き初めがあれば、ぜひ見せなさい。神棚にお供えしたか。

【解説】

杉家には、正月元旦も休日という意識はなかったようである。松陰は妹壽子、弟敏三郎に対し、手習い稽古のことを問い、書き初めを見せなさいといっている。松陰の生真面目《きまじめ》さ故か。しかし、何とも微笑ましい。

■家事の合間には

お文《ふみ》は定《さだ》めて成人《せいじん》仕《つかまつ》りたるにて之《こ》れあるべく、仕事《しごと》も追々《おいおい》覚《おぼ》え候《そうろう》や、間合《まあい》間合《まあい》に手習《てならい》など精《せい》を出《だ》し候様《そうろうよう》仕《つかまつ》り度《た》く存《ぞん》じ奉《たてまつ》り候《そうろう》。

安政《あんせい》二年（一八五五）十一月三日（カ）「母杉瀧宛書翰《ははすぎたきあてしょかん》」

【訳】

お文はさぞかし大人になったことでしょうが、家事も段々覚えてきたでしょうか。その合間に習字などに努力させたいと思っております。

【解説】

叔父玉木文之進《たまきぶんのしん》が末《すえ》の姪御《めいご》文をどれほど可愛がったかは、松陰が「少妹《しょうまい》の初《はじ》めて生《うま》るるや、玉叔父《たまおじ》実《まこと》に撫《ぶ》し、之《こ》れに与《あた(う)》ふるに其《そ》の名《な》を以《もっ》てす。阿文《おふみ》の称《しょう》、蓋《けだ》し偶然《ぐうぜん》に非《あら》ざるなり（お文が生まれた時、玉木叔父は文を心から慈しみ、その名前の一字「文」をその名前として贈られた。お文という名前は、偶然付けられたものではない）」と記していることからも分かる。

松陰は、十二、三歳となった文の成長ぶりを母瀧子に尋ね、家事などの合間には、とにかく「手習《てならい》」に励ませるよう書き送っている。松陰の女子教育の一端を見ることができる。ちなみに文が久坂玄瑞《くさかげんずい》に嫁ぐのは、この二年後の安政四年十二月のことである。

■俳句のすすめ（2）

御《お》文《ふみ》の中《なか》に小春《こはる》と之《こ》れあり、定《さだ》めて発句《ほっく》の心持《こころもち》に候《そうろう》や、至《し》ごく面《おも》白《しろ》く存《ぞん》じ候《そうろう》。則《すなわ》ち直《なお》し候《そうらい》て、

　ささ鳴《なき》の声《こえ》聞《き》かまほし小春《こはる》かな

　　帰《かえ》り花《ばな》

小春日《こはるび》にさくを待《ま》つなり帰《かえ》り花《ばな》

と致《いた》し候《そうろう》間《あいだ》、句《く》になるかならぬかは余《よ》も亦《また》知《し》らず。御《お》わらひ《（い）》下《くだ》さるべく候《そうろう》。ささ鳴《なき》といふ《（う）》は鶯《うぐいす》の冬《ふゆ》なくこと、帰《かえ》り花《ばな》は桜桃《さくらもも》などの花《はな》冬《ふゆ》さくをいふ《（う）》。

安政《あんせい》二年（一八五五）十一月六日「妹《いもうと》千代《ちよ》宛書翰《あてしょかん》」

【訳】

手紙の中に「小春」とありました。きっと俳句のことでしょうか。大変面白く感じました。そこで、手を入れて、「鶯の鳴き声を聞きたくなるような小春日だなあ」「帰り花　小春日を待って咲いたのか、この帰り花は」としました。俳句になるかならないかは私にも分かりません。ご一笑ください。「ささ鳴《なき》」というのは、鶯が冬に鳴くこと。「帰り花」は桜桃などの花が冬に咲くことをいいます。

【解説】

松陰の妹千代への俳句指導の実際を記した実に珍しい史料である。あたかも小学校の先生が子供に教えているかのような、細やかな心遣いを感じる。

■愛する心――まごころを大切に

孩提《がいてい》の童《わらわ》の親《おや》を愛《あい》する心《こころ》は即《すなわ》ち仁《じん》にして、上已《うえすで》に斯《こ》の心《こころ》を以《もっ》て天下《てんか》の親《おや》を視《み》れば、天下《てんか》の人各〻《ひとおのおの》其《そ》の親《おや》を視《み》ること、又童《またわらわ》の親《おや》を愛《あい》する如《ごと》くにして、天下《てんか》の親各〻《おやおのおの》其《そ》の子《こ》を視《み》ること、亦孩提《またがいてい》の童《わらわ》を視《み》るが如《ごと》し。是《ここ》に於《おい》て不孝《ふこう》の子《こ》なし、不慈《ふじ》の親《おや》なし。其《そ》の兄弟《けいてい》の際《さい》も亦《また》然《しか》り。

安政《あんせい》三年（一八五六）五月十七日「講孟箚記《こうもうさっき》」

【訳】

幼児が親を愛する心は本来の心がそのまま現れたもの、つまり仁である。上にある者がこの心によって天下の親を見れば、天下の人々がそれぞれの親を見ることは、子がその親を愛するようであり、天下の親がそれぞれの子を見ることは、幼児を見るようであろう。こうなれば、世の中に不孝の子も、慈しみのない親もなくなるのである。これは兄弟の間においても同じ道理である。

【解説】

松陰は、実家杉家で行った講義において、仁、つまり、まごころ、慈しみの心の大切さを同族に説いている。また、「兄弟《けいてい》の際《さい》も亦然《またしか》り」とあることは、妹たちのことも考えてのことであろう。妹や弟に対しても仁の心で接する松陰に、彼らもまた人としての生き方、あり方を学んだのであろう。

■父母のご苦労を忘れないように

杉《すぎ》は今《いま》では御《おん》父子《ふし》とも御役《おやく》にて何《なに》も不足《ふそく》のない中《なか》なれば、子供等《こどもら》がいつも此《こ》の様《よう》なものと思《おも》うて、昔山宅《むかしさんたく》にて父様母様《とうさまかあさま》の、昼夜御苦《ちゅうやごく》労《ろう》成《な》された事《こと》を話《はな》して聞《き》かせても真《まこと》とは思《おも》は《(わ)》ぬ程《ほど》なれば、此《こ》の先《さき》五十年七十年《じゅうねんななじゅうねん》の事《こと》を得《とく》と手《て》を組《く》んで案《あん》じて見《み》やれ、気遣《きづか》ひ《(い)》なものではないか。（中略）若《も》しや万一小太郎《まんいちこたろう》でも父祖《ふそ》に似《に》ぬやう《(よ)》な事《こと》が有《あ》つ《(っ)》たら、杉《すぎ》の家《いえ》も危《あやう》い〳〵。父母様《ふぼさま》の御苦労《ごくろう》を知《し》つ《(っ)》て居《お》るもの兄弟《きょうだい》にてもそもじまでぢや《(じゃ)》。（中略）されば拙者《せっしゃ》の気遣《きづか》ひ《(い)》に観音様《かんのんさま》を念《ねん》ずるよりは、兄弟《きょうだい（甥）（姪）》をひめひの間《あいだ》へ、楽《らく》が苦《く》の種《たね》、福《ふく》は禍《わざわい》の本《もと》と申《もう》す事《こと》を得《とく》と申《もう》してきかせる方《ほう》が肝要《かんよう》ぢや《(じゃ)》。

安政《あんせい》六年（一八五九）四月十三日「妹《いもうと》千代《ちよ》宛《あて》書翰《しょかん》」

【訳】

杉家は今では、父上、兄上様共にお役に就かれており、何の不足もない状態であるので、子供たちがこの状態を普通のことと思って、昔、団子岩の家で父上、母上様が昼夜ご苦労されたことを話しても本当とは思わないようであれば、この先五十年、七十年のことをじっくりと考えた時、心配な気持ちにはならないか。（中略）もしも万が一、小太郎が父梅太郎兄や祖父百合之助父上に似ないようなことでもあれば、杉家も危ない危ない。父母様のご苦労を知っているのも、兄弟でもお前までだ。（中略）だから私の心配事を受けて観音様を念ずるよりは、兄弟や甥、姪に楽は苦の種、福は禍の本ということをしっかりと話して聞かせる方が大切ですぞ。

【解説】

千代は「尚ほ幼なるも《な(お)よう》、母《はは》に従ひて《したが(い)》飯《めし》を炊ぎ《かし》馬《うま》を洗ふ等《あら(う)とう》（中略）辛酸《しんさん》を極《きわ》めた（まだ幼かったが、母瀧子についてご飯を炊いたり、馬を洗う等（中略）苦労を経験し尽くした」」といわれる。松陰はその千代に、妹弟や甥姪たちに対して、「楽《らく》が苦《く》の種《たね》、福《ふく》は禍《わざわい》の本《もと》」ということをしっかり教えなさいと送っている。

第二章　女子の心得

習字読書に心掛け、
しっかりと婿も選ぶこと。
女の子が生まれたら心ある立派な人の妻となり
得る女性に育てよ。
いざという時は、
戦場にも行く覚悟をもて。
それが松陰の説く女子の心得。

■習字読書のすすめ

扨《さ》て御《ご》たよう《（多用）》の中《なか》にも、手習《てならい》よみもの《（読み物）》などは心《こころ》がけ候《そうら（え）》へ。正月《しょうがつ》には、一日《いちにち》どもはやぶ《（藪）》入《い》り出来《でき》申《もう》すべくや。どうぞあに《（兄）》様《さま》の御《ご》きう《（休）》日《び》をえらび《（選）》参《まい》り候《そうらい》て、心得《こころえ》になる噺《はなし》ども聞《き》き候《そうら（え）》へ。拙《せつ》も其《そ》の日分《ひわか》り候《そうら（わ）》はば、昔噺《むかしばなし》なりともしたため《（認）》て遣《つか（わ）》はし申《もう》すべし。又正月《またしょうがつ》にはいづ《（ず）》くにもつまらぬ遊事《あそびごと》をするものに候《そうろう》間《あいだ》、夫《そ》れよりは何《なに》か心得《こころえ》になるほん《（本）》なりとも読《よ》んでもら《（貰）》ひ《（い）》候《そうら（え）》へ。貝原先生《かいばらせんせい》の大和俗訓《やまとぞくくん》、家道《かどう》訓《くん》などは、丸《まる》き耳《みみ》にもよくきこ《（聞）》ゆるものに候《そうろう》。又浄《またじょう》るりぼん《（瑠璃本）》なども心得《こころえ》ありてきき《（聞）》候《そうら（え）》へば、ずゐぶん《（随分）》役《やく》にたつものに候《そうろう》。

安政《あんせい》元年（一八五四）十二月三日「妹《いもうと》千代《ちよ》宛書翰《あてしょかん》」

【訳】

さて、忙しい中でも、習字読書などは心掛けなさい。正月には一日くらいは杉家へ帰ってこられますか。どうか梅太郎兄さんのお休みの日を選んで帰り、心得になる話でもお聞きなさい。私もその日が分かれば、昔の話でもまとめて送ります。また、お正月にはどこでもつまらない遊び事をするものですが、それよりは何か為になる本でも読んでもらいなさい。貝原益軒《かいばらえきけん》先生の『大和俗訓』や『家道訓』などは学問のない人にもよく分かるものです。また、浄瑠璃本《じょうるりぼん》なども基礎知識などを知って聞けば、随分と役に立つものです。

【解説】

松陰はすでに嫁いでいる妹千代に「手習《てならい》（読み物）よみもの」を奨励し、貝原益軒の『大和俗訓』『家道訓』を勧めるとともに、正月に実家へ帰れる日には、兄梅太郎から「心得《こころえ》になる噺《はなし》」を聞きなさいとも伝える。後年、千代も「お正月《しょうがつ》などの遊《あそ》びでも、無意味《むいみ》なことをしないで、いろはたとへ(え)をするとか、歌《うた》かるたでも取(と)って、一字《いちじ》でも一句《いっく》でも覚《おぼ》えて益《えき》するやう（よ）にせよなどと、よく教《おし》へ（え）て呉《く》れました」

と回顧している。

一方、嘉永四年、遊学先の江戸で否定していた浄瑠璃本を勧めているのは、松陰の成長を示すものか。

■心に歳をとること——判断力の成長を

歳《とし》と云《い(う)》ふものは、柄《から》だ一杯《いっぱい》へ取《と》るから、先《ま(ず)》づ心《こころ》へ歳《とし》を取《と》れば是非《ぜひ》善悪《ぜんあく》の分別《ふんべつ》もつかねばならず、耳《みみ》へ歳《とし》を取《と》れば是非善悪《ぜひぜんあく》の聞分《ききわけ》もせんねばならず、目《め》へ歳《とし》を取《と》れば是非善悪《ぜひぜんあく》の見《み》わけもせんねばならず、口《くち》へ歳《とし》を取《と》れば是非善悪《ぜひぜんあく》の申《もう》しわけもせんねばならず、あたまへも足《あし》へも、どこへもかしこへも、取《と》らねばならぬこそ年《とし》なり。

安政《あんせい》二年（一八五五）正月元日「妹《いもうと》千代《ちよ》宛書翰《あてしょかん》」

【訳】

歳というものは、体全体へ取るものであるから、まず心へ歳をとれば道理に適うか適わないか、善いか悪いかの判断もできなければいけない。耳へ年をとれば、道理に適うか適わないか、善いか悪いかの聞き分けもできなければいけない。目へ歳をとれば、道理に適うか適わないか、善いか悪いかの見分けもできなければいけない。口へ歳をとれば、道理に適うか適わないか、善いか悪いかを語り分けることもできなければいけない。だから、頭へも足へも、あらゆる所へ取らなければいけないものこそ、年である。

【解説】

女性である千代にとっては、歳を取るということはネガティブなイメージもあったであろう。これを取り上げ、松陰は正しい判断のできる人となれと教えている。これであれば、千代も素直に聞いたことであろう。

■女子のあり方──後方支援

洪秀全《こうしゅうぜん》（中略）前代明朝《ぜんだいみんちょう》を恢復《かいふく》するの志《こころざし》を起《おこ》し、専《もっぱ》ら清朝《しんちょう》と敵対《てきたい》す。（中略）其《そ》の郷民《ごうみん》を率《ひき（い）》る山谷《さんこく》に蟠踞《ばんきょ》し、山中《さんちゅう》の家《いえ》の男女《だんじょ》を合《あわ》せ、行列《ぎょうれつ》戈《ほこ》を操《と》りて敵《てき》を禦《ふせ》ぐ。男子《だんし》は軍兵《ぐんぴょう》とし、女子《じょし》は兵糧運送《ひょうろううんそう》し、行列を定《さだ》め伍組《ごぐみ》を分《わか》ち、皆々必死《みなみなひっし》と覚悟《かくご》せり。

安政《あんせい》二年（一八五五）春「清国咸豊乱記《しんこくかんぽうらんき》」

【訳】

洪秀全《こうしゅうぜん》は（中略）先の明朝を再建するという志を起こし、専ら清朝と敵対した。（中略）その村の民を率いて山や谷に立てこもり、地元の家々の男女を配下に入れ、戈《ほこ》などで敵を防いだ。男子は兵隊、女子は食糧輸送役とし、部隊編成などを決め、皆それぞれ死を覚悟して励んだ。

【解説】

「清国咸豊乱記《しんこくかんぽうらんき》」は、清国同様に西欧列強の侵略を受ける可能性のあった我が国有志への戒めとして、松陰が太平天国の乱について記したものである。

松陰は洪秀全《こうしゅうぜん》の軍隊を、「男子《だんし》は軍兵《ぐんぴょう》とし、女子《じょし》は兵糧運送《ひょうろううんそう》し、行列《ぎょうれつ》を定《さだ》め伍組《ごぐみ》を分《わか》ち、皆々必死《みなみなひっし》と覚悟《かくご》せり」と絶讃している。ここで注目すべきは、松陰が「女子は兵糧運送」と記していることである。松陰はいざという時の「食糧輸送役」としての役割を武家の女子に期待していたのであろうか。戊辰《ぼしん》戦争時、会《あい》津《づ》藩鶴《つる》ケ城《がじょう》攻防戦での山川さき（後の山川捨松《すてまつ》）らの活躍を見れば、まんざら、ありえないことではない。

■君子の妻たること

令娘《れいじょう》降誕《こうたん》、爺嬢《やじょう》の御《お》悦《よろこ》び拝察《はいさつ》し奉《たてまつ》り候《そうろう》。（中略）預期《よきす》才色《さいしょく》美《のび》。堪当君子偶《くんしのぐうにあたるにたえたり》。

安政《あんせい》二年（一八五五）十一月七日「兄杉梅太郎宛書翰《あにすぎうめたろうあてしょかん》」

【訳】

娘が生まれられたとのこと、父である兄上様と母である姉上様のお喜びをお察し申し上げます。（中略）（生まれたばかりの姪の将来の）才色兼備たることを、心ある立派な人の夫人となるに不足ない女性となることを期待しております。

【解説】

心ある立派な君子の妻となり得る女性たること。これが、生まれたばかりの姪豊子に関して父である兄梅太郎に松陰が望んだ教育である。ここに、名利《みょうり》への関心は全くない。

■妻妾のあり方——武器をとれ

田單《でんたん》　妻妾《さいしょう》は行《こう》に編《へん》し身《み》は鍤《すき》を把《と》る、精忠《せいちゅう》衆《しゅう》を感《かん》ぜしめ衆心《しゅうしん》堅《かた》し。

安政《あんせい》二年（一八五五）「詠史《えいし》」

【訳】

田單《でんたん》（田單は齊《せい》国回復の作戦中には）妻や妾《めかけ》を隊伍に編入し、自らは鋤をとった。その齊国への忠誠は人々を感動させ、士卒の団結は固かった。


【解説】

いざという時には、女子も軍隊の一員となれとの教えであろう。松陰は女子にこの心構えを何度も説いている。これは明らかに「女子は良妻賢母たれ」との教育を超えた教えとみてよかろう。

■婦人が道を失うと

女子《じょし》の教戒《きょうかい》の事《こと》、先師《せんし》の深意《しんい》尤《もっと》も味《あじわ(う)》ふべし。夫婦《ふうふ》は人倫《じんりん》の大綱《たいこう》にて、父子《ふし》兄弟《きょうだい》の由《よ(っ)》つて生《しょう》ずる所《ところ》なれば、一家《いっか》盛衰《せいすい》治乱《ちらん》の界《さかい》全《まった》く茲《ここ》にあり。故《ゆえ》に先《ま(ず)》づ女子《じょし》を教戒《きょうかい》せずんばあるべからず。男子《だんし》何程《なにほど》剛《ごう》腸《ちょう》にして武士道《ぶしどう》を守《まも》るとも、婦人道《ふじんみち》を失《うしな(う)》ふ時《とき》は、一家《いっか》治《おさ》まらず、子孫《しそん》の教戒《きょうかい》亦《また》廃絶《はいぜつ》するに至《いた》る。豈《あ》に慎《つつし》まざるべけんや。

安政《あんせい》三年（一八五六）八月以降「武教全書講録《ぶきょうぜんしょこうろく》」

【訳】

女子の教戒のことは、山鹿素行《やまがそこう》先生のいわれる深い意味を最も味わうべきである。夫婦というものは人と人との秩序関係の大本《おおもと》であって、父子兄弟関係の生まれ出る源であるから、一家が栄えるか衰《おとろ》えるか、治まるか乱れるかの分かれ目はここにある。だから、まず女子を教え戒めなければならない。男子がどれほど精神を強くたくましくして武士道を守ったとしても、婦人が道を失う時は、家は治まらず、子孫への教えも戒めも廃《すた》れて絶えてしまう。どうして慎まないでよかろうか、慎むべきである。

【解説】

「武教全書講録」は、一族の男子を対象として行った山鹿素行の『武教小学』全部及び『武教全書』「惣目録」部分の講義記録である。この席に一族の女子、とりわけ妹が参加した記録はないが、出席した親戚を通して、すでに嫁いでいた妹千代、壽子らの耳にも入ったものと思われる。松陰は男子のみの勉強会においても女子教育の必要性を力説していた。

■女子の三つの教え

女教大略三様《じょきょうたいりゃくさんよう》あり。先《ま》づ《(ず)》源氏物語《げんじものがたり》・伊勢物語等《いせものがたりとう》の俗書淫泆《ぞくしょいんいつ》の事《こと》を以《もっ》て教《おしえ》とする、是《こ》れ先師《せんし》の深《ふか》く嘆《たん》ずる所《ところ》にて、教《おしえ》とするに足《た》らず。然《しか》れども此《こ》の類《たぐい》只今《ただいま》にて貴人大家《きじんたいか》には或《ある》いはあらん、平士《へいし》以下《か》にては甚《はなは》だ少《すく》なし。但《ただ》し和歌《わか》・俳諧《はいかい》・茶湯《ちゃのゆ》等《とう》の游芸《ゆうげい》を以《もっ》て娯《たの》しみとする者《もの》は間々《まま》是《こ》れあり。是《こ》れ亦《また》其《そ》の類《たぐい》なり。又貝原氏《またかいばらし》の書《しょ》、或《あるい》は心学者流《しんがくしゃりゅう》の書等《しょとう》を以《もっ》て教《おしえ》とするあり。是《こ》れ尤《もっと》も正《ただ》しく尤《もっと》も善《よ》し。

安政《あんせい》三年（一八五六）八月以降「武教全書講録《ぶきょうぜんしょこうろく》」

【訳】

女子の教えは大きく分けて三通りある。まず、『源氏物語』『伊勢物語』等の風俗書は男女の間のみだらなことを教えとし、素行先生が深く嘆かれたところであって、教えといえるものではない。しかしこの類は現在でも身分のある人や貴い家にはあるいはあるかもしれないが、平侍《ひらざむらい》以下の家には寡少《かしょう》である。ただし和歌・俳諧・茶湯などの芸能を楽しみとする者は時々いる。これらもまた同じ類である。また、貝原益軒《かいばらえきけん》の書や心学者石田梅岩《いしだばいがん》らの書を教えとすることがある。これが最も正しく最もよいことである。

【解説】

松陰が、女子に教える立場という一族の男子に語った女子教育論である。『源氏物語』『伊勢物語』否定はともかく、妹千代に手ほどきまでした俳諧を否定しているることは興味深い。松陰も場面によって教える内容を使い分けていたということか。しかし、松陰が最も是とする貝原益軒や心学者の教訓書については、ここでもやはり絶讃している。

■柔順かつ果断であれ

柔順《じゅうじゅん》、幽閑《ゆうかん》、清苦《せいく》、倹素《けんそ》の教《おしえ》はあれども、節烈果断《せつれつかだん》の訓《おしえ》に乏《とぼ》し。太平無事《たいへいぶじ》の時《とき》は是《こ》れにて余《あま》りあれども、変故《へんこ》の際《さい》に貞操峻節《ていそうしゅんせつ》を厲《はげ》ますに至《いた》りては、未《いま》だ足《た》れりとせず。独《ひと》り先師《せんし》の教《おしえ》、「柔順《じゅうじゅん》を以《もっ》て用《よう》と為《な》し、果断《かだん》を以《もっ》て制《せい》と為《な》す」と云《い》ふ《(う)》者《もの》、両《ふたつ》ながら全《まった》しと云《い》ふ《(う)》べし。

安政《あんせい》三年（一八五六）八月以降「武教全書講録《ぶきょうぜんしょこうろく》」

【訳】

素直で人に逆らわないこと、もの静かなこと、清廉《せいれん》であること、倹約で質素であることとの教えはあるけれども、節義を守る強烈さや思い切りのよさの教えは少ない。世の中が安泰である時は前の四つでも十分であるが、いざという際に女子の高潔で厳しい節操を奮い立たせるには、これでは足りるとはいえまい。山鹿素《やまがそ》行《こう》先生の「従順をその働きとし、果断をもって制御する」という教えだけが、たった二つではあるが完璧というべきである。

【解説】

松陰は嘉永《かえい》六年（一八五三）六月、ペリー艦隊来航直後の段階ですでに「孰《いず》れ交兵《こうへい》に及《およ》ぶべきか（近いうちに、米国と一戦になろうか）」と記し、また、安政二年八月には、「深憂《しんゆう》とすべきは人心《じんしん》の正《ただ》しからざるなり。苟《いやしく》も人心《じんしん》だに正《ただ》しければ、百死《ひゃくし》以《もっ》て国《くに》を守《まも》る、其《そ》の間勝敗利鈍《かんしょうはいりどん》ありと云《い》へ《(え)》ども、未《いま》だ遽《にわ》かに国家《こっか》を失《うしな》ふ《(う)》に至《いた》らず（深く憂うべきは、人々の心が正しくないことである。仮にも心さえ正しければ、全ての人々が命をなげうち、国を守るであろう。その間に勝ち負けや出来不出来があったとしても、決して急速に国家が滅亡することはない)」と述べており、当時、我が国が非常時にあると認識していたことが分かる。従って、女子にも「柔順《じゅうじゅん》、幽閑《ゆうかん》、清苦《せいく》、倹素《けんそ》」の教えだけではなく、「節烈果断《せつれつかだん》の訓《おしえ》」を強調する。健全な下級武士杉家の家風に育った松陰は、あるいは平時においてもそう考えていたのではないだろうか。

■婿の選び方

最初婿《さいしょむこ》を択《えら》ぶの時《とき》も勿論苟且《もちろんこうしょ》なることなかるべし。

安政《あんせい》三年（一八五六）八月以降「武教全書講録《ぶきょうぜんしょこうろく》」

【訳】

最初に婿を選ぶ時も決してなおざりに行ってはならない。

【解説】

「婿《むこ》を択《えら》ぶ」との言は、女子は決して選ばれるだけの存在ではないと松陰が考えていた証左《しょうさ》である。松陰は、女子にも人物を見る眼を求めていたのであろう。これも松陰がしきりに女子に学問を勧める根拠の一つである。

■政子——風塵に君将を識る

政子《まさこ》　政子《まさこ》頼朝《よりとも》に通《つう》じ、敫女法章《きょうじょほうしょう》を私《わたくし》す。風塵《ふうじん》に君将《くんしょう》を識《し》る、眼《め》は阿爺《あや》よりも明《あきら》かなり。尼将《にしょう》豈《あ》に恥《は(じ)》ぢざらんや、齊后子《せいごうこ》を輔《たす》くるの情《じょう》。奸独呂武《かんどくろぶ》を驚《おどろ》かし、外家九世《がいけきゅうせい》栄《さか》ゆ。

安政《あんせい》六年（一八五九）三月二十八日「政子《まさこ》」

【訳】

北條政子　政子は源頼朝と結婚し、莒《きょ》国の太史敫《きょう》の娘は（父斉《せい》国閔《びんおう》王が殺された後、身を偽って敫家の傭人となっていた子法章《ほうしょう》をただ者ではないと見抜き）私通《しつう》したという。乱世に、将来立派な君子や将軍となる頼朝を見抜いたということは、政子は父時政よりも眼識があったといわねばならない。頼朝死後、自ら政治に当たって得た尼将軍たるの名前に恥じないところである。また、奸智《かんち》にたけ、独裁者であった漢の高宗の皇后であった呂后《りょごう》、唐の高宗《こうそう》の后則天武后《きさいそくてんぶこう》も遠く及ばないところであり、彼等を驚かしたであろうことは間違いない。政子があればこそ、源氏は三代で亡んだが、その外家《がいけ》であった北条は九代までも続いたのである。

【解説】

松陰は政子の頼朝を見抜いた眼力を賛美している。女子を決して受け身だけの存在とは考えていなかった証左である。

■一心不乱になること

人《ひと》は一心不乱《いっしんふらん》になりさへ《(え)》すれば何事《なにごと》へ臨《のぞ》み候《そうらい》てもちつ《(っ)》とも頓着《とんちゃく》はなく、(中略)世《よ》の中《なか》に如何《いか》に難題苦患《なんだいくかん》の候《そうらい》ても、それに退転《たいてん》して不忠不孝無礼無道等《ふちゅうふこうぶれいむどうとう》仕《つかまつ》る気遣《きづか》ひ《(い)》はない。

安政《あんせい》六年（一八五九）四月十三日「妹《いもうと》千代《ちよ》宛書翰《あてしょかん》」

【訳】

人は一つのことに心を注ぎ、他のことのために心乱れるということがなくなりさえすれば、何事に臨んでも深く気にかけるということはなくなる。（中略）世の中でどんな難題や苦しみに遭《あ》ったとしても、それによって心がくじけて不忠・不孝・無礼・無道などの状態に陥《おちい》ってしまう心配はない。

【解説】

松陰は妹千代にも「一心不乱」たれ、と教えている。女子に対しても否定すべきは、「不忠・不孝・無礼・無道」である。

■朽ちることのない教え

死《し》なぬと申《もう》すは近《ちか》く申《もう》さば、釈迦《しゃか》の孔子《こうし》のと申《もう》す御方々《おんかたがた》は今日《きょう》まで生《い》きて御座《ござ》る故《ゆえ》、人《ひと》が尊《とう》とみもすれば難有《ありがた》がりもする、おそれ《（恐）》もする、果《はた》して死《し》なぬではないか。（中略）楠正成公《くすのきまさしげこう》ぢや《（じゃ）》の大石良雄《おおいしよしお》ぢや《（じゃ）》のと申《もう》す人々《ひとびと》は、刃《は》ものに身《み》を失《うしな》は《（わ）》れ候《そうら》へ《（え）》ども今以《いまもっ》て生《い》きてござる。

安政《あんせい》六年（一八五九）四月十三日「妹《いもうと》千代《ちよ》宛書翰《あてしょかん》」

【訳】

死なないというのは、身近なことで例えていえば、釈迦や孔子という御方々は今日まで生きているので、人々が尊びもすれば、ありがたがりもし、恐れもするのである。本当に死んでいないではないか。（中略）楠木正成や大石良雄という人々も、刀で身は失われたが、今も生きている。

【解説】

松陰の生死観である。

「今以《いまもっ》て生《い》きてござる」。肉体は滅んでも、精神は不滅と信じる松陰の教えである。

■人間万事塞翁が馬

禍福《かふく》は縄《なわ》の如《ごと》しといふ《(う)》事を御《お》さとりがよろしく候《そうろう》。禍《わざわい》は福《ふく》の種《たね》、福《ふく》は禍《わざわい》の種《たね》に候《そうろう》。人間万事塞翁《にんげんばんじさいおう》が馬《うま》に御座《ござ》候《そうろう》。(中略)一生《いっしょう》の間《かん》難儀《なんぎ》さへ《(え)》すれば先《さき》の福《ふく》があるなり。

安政《あんせい》六年(一八五九)四月十三日「妹《いもうと》千代《ちよ》宛書翰《あてしょかん》」

【訳】

禍いと幸せは縄のようなものであるということをお悟りになるのがよい。禍いは幸せの種、幸せは禍いの種です。人生における幸不幸は予測しがたいということです。（中略）一生の間苦労さえすれば、将来に幸せがあるのです。

【解説】

「人間万事塞翁が馬《にんげんばんじさいおううま》」、松陰は妹千代に苦労せよと教えている。

■足るを知る

易《えき》の道《みち》は満盈《まんえい》と申《もう》す事《こと》を大《おお》いにきらふ《（う）》なり。御互《おたがい》に七人兄弟中《ななにんきょうだいちゅう》に拙者《せっしゃ》は罪人《ざいにん》、芳《よし》は夭折《わかじに》、敏《とし》は唖子《おし》、否様《ふさま》の悪《わる》い様《よう》なものなれど、又《また》跡《あと》四人《よにん》はいづ《（ず）》れも可也《かなり》に世《よ》を亙《わた》られ、特《とく》に兄様《にいさま》・そもじ・小田村《おだむら》は両人《りょうにん》づ《（ず）》つも子供《こども》があれば不足《ふそく》は申《もう》されぬ。（中略）然《しか》れば父母兄弟《ふぼきょうだい》の代《かわ》りに拙者《せっしゃ》・芳《よし》・敏《とし》の三人《さんにん》が禍《わざわい》をかるうたと御思《おおも》ひ《（い）》候《そうら》へ《（え）》ば、父《ふ》母様《ぼさま》の御心《みこころ》もすめる訳《わけ》では御座《ござ》らぬか。（中略）拙者身上《せっしゃしんじょう》は前《まえ》に申《もう》す通《とお》り、つめが牢死《ろうし》、牢死《ろうし》しても死《し》なぬ仲間《なかま》なれば後世《こうせい》の福《ふく》はずゐ《（い）》ぶんある（後略）。

安政《あんせい》六年（一八五九）四月十三日「妹《いもうと》千代《ちよ》宛《あて》書翰《しょかん》」

【訳】

易では満ち足りるということを大変嫌う。お互い、七人兄弟の中で私は罪人、艶子は若くして死に、敏三郎は言語が不自由であり、運の悪いようなものであるが、他の四名はいずれもそれなりに世を渡り、特に兄上様、お前、壽子はそれぞれ二人ずつ子供もいるので、不足はいえまい。（中略）従って父母兄弟に代わって、私、艶子、敏三郎の三人が禍いを引き受けたとお考えになれば、父母様の御心《みこころ》も安まるのではないか。（中略）私は前にもいった通り、結局は牢死であろう。しかし、牢死しても魂だけは此の世に残る人間の仲間であるから、福はまだまだ随分ある。

【解説】

松陰は妹に「満盈《まんえい》」を願うなと教えている。しかし、「牢死《ろうし》しても死《し》なぬ仲間《なかま》なれば後世《こうせい》の福《ふく》はずゐ（い）ぶんある」とは、松陰自身のことであろうか、それとも自分が妹たちを守り続けるという意味であろうか。

いずれにせよ、松陰が信じていた生死観である。

第三章

士の妻たる者は

松陰は三人の妹たちに遊学先や獄中から
しばしば手紙を送った。
そこには夫に仕え、
嫁ぎ先の家をしっかり守ることなど、
武士の妻としての心得がしたためられていた。

■嫁ぎ先での心掛け

そもじの御家《おいえ》おばさまも、御《お》(亡)なくなりなられ候事《そうろうこと》なれば、そもじ万《ばん》たん《(端)》心《こころ》懸《が》け候《そうら(わ)》はでは相《あい》すまぬ事《こと》、(中略)又萬子《またまんし》も日々《ひび》ふと《(太)》り申《もう》すべく候《そうら(え)》へば、心《こころ》を用《もち(い)》ひてそだて《(育)》候《そうら(え)》へ。赤穴《あかあな》のばあさまは御《お》まめに候《そうろう》や、御老人《ごろうじん》の御事《おんこと》、万事気《ばんじき》をつけて上《あ》げ候《そうら(え)》へ。かかる御《ご》らう《(老)》人《じん》は家《いえ》の重《ちょう》はう《(宝)》と申《もう》すものにて、きん《(金)》にも玉《たま》にもかへ《(え)》らるるものに之《こ》れなく候《そうろう》。そもじ事《こと》は、いとけな《(幼)》きをり《(折)》より心得《こころえ》よろ《(宜)》しきものとおもひ《(い)》、一《ひと》しほ親《(お)した》しくおもひ《(い)》候《そうら(い)》ひしが、此《こ》のほど御文拝《おふみはい》し入《い》らざる事《こと》までも申《もう》し進《すす》め候《そうろう》なり。

安政《あんせい》元年（一八五四）十二月三日「妹《いもうと》千代《ちよ》宛書翰《あてしょかん》」

【訳】

お前の嫁ぎ先である兒玉《こだま》家の叔母様もお亡くなりになられたことであれば、お前が全て気を付けなければいけないことである。（中略）また、萬吉も日々大きくなっていくので、用心して育てなさい。兒玉の親戚赤穴家のおばあ様はお変わりないか。ご老人であるので、全てに気を付けてあげなさい。このようなご老人は家の宝というもので、金にも玉にも替えられるものではない。お前は幼少の頃からしっかりした子であったので、とりわけかわいがってきたが、この度お前からの手紙を拝見し、余計なことまで申しました。

【解説】

兒玉祐之《こだまゆうし》に嫁いだ妹千代への教えである。松陰は甥萬吉の成長を祈り、母千代に対して「用心して育てなさい」と諭すとともに、親戚の「赤穴のばあさま」を案じている。「赤穴のばあさま」とは、千代が嫁いだ兒玉家の親戚赤穴辰之進の母で、当時、「心学ばあさん」と呼ばれていたように、心学に造詣が深く、松陰にも影響を与えたといわれる人である。その人への絶讃は千代へも心学を勧める証左であろうか。また、「いとけなき《（幼）》をり《（折）》より心得《こころえ》よろしき《（宜）》ものとおもひ《（い）》、一《ひと》しほ《（お）》親《した》しくおもひ《（い）》」との一節に、千代を思う松陰の優しさを感じる。

■先祖の功績を語ること

婦人《ふじん》は己《おのれ》が生《うま》れたる家《いえ》を出《い》でて人《ひと》の家《いえ》にゆきたる身《み》なり。然《しか》れば己《おのれ》が生《うま》れたる家《いえ》の先祖《せんぞ》の大切《たいせつ》なる事《こと》は、生《うま》れ落《お》つるとより弁《わきま(え)》へ知《し》るべけれど、ややもすればゆきたる家《いえ》の先祖《せんぞ》の大切《たいせつ》なる事《こと》は思《おも(い)》ひ付《つ》かぬ事《こと》もあらん、能々《よくよく》心得《こころう》べし。人《ひと》の家《いえ》にゆきたれば、ゆきたる家《いえ》が己《おのれ》が家《いえ》なり。故《ゆえ》に其《そ》の家《いえ》の先祖《せんぞ》は己《おのれ》が先祖《せんぞ》なり、ゆるがせにする事《こと》なかれ。又先祖《またせんぞ》の行状功績等《ぎょうじょういさおしとう》をも委《くわ》しく心得《こころえ》置《お》き、子供等《こどもら》へ昔噺《むかしばなし》の如《ごと》く噺《はな》し聞《き》かすべし。大《おお》いに益《えき》ある事《こと》なり。

安政《あんせい》元年（一八五四）十二月三日「妹千代宛書翰《いもうとちよあてしょかん》」

【訳】

婦人は自分が生まれた家を出て人の家へ嫁いだ身である。従って自分の生家の先祖が大切であることは、生まれた時から分かっているだろうが、どうかすると嫁いだ家の先祖が大切であることについて思い付かないこともあるだろう。よくよく用心しなさい。人の家に嫁げば、その家が自分の家である。だから、その家の先祖は自分の先祖である。疎《おろそ》かにしてはいけない。また、先祖の業績や手柄などを詳しく覚えておき、子供たちへ昔話のように話して聞かせるべきである。大変役にたつものである。

【解説】

妹千代に対し、実家ではなく嫁ぎ先を大切にすることを教えている。あるいは、松陰の耳に、いつまでも実家を意識する嫁の弊害に関する情報でも入っていたのであろうか。

また、「昔噺《むかしばなし》」として、「桃太郎」などではなく、先祖の「行状功績等《ぎょうじょういさおしとう》」を聞かせよ、との教えは実に面白い。

■親戚のあり方——助け合うこと

文侯《ぶんこう》の詩《し》并《なら》びに跋《ばつ》を辱示《じょくし》せらる。文侯自《ぶんこうみずか》ら謂《い》へ(え)らく、栖々遑々《せいせいこうこう》として、志業成《しぎょうな》るなし、家挈《かだ》を挙《あ》げて君《きみ》の家《いえ》を煩《わずら》はす(わ)と。文侯兄弟《ぶんこうきょうだい》、学問夙《がくもんつと》に成《な》り、寅等常《とらつね》に切磋《せっさ》の益《えき》を得《う》。寅《とら》の郵獄《ゆうごく》に繋《つな》がるに及《およ》び、兄弟周旋甚《きょうだいしゅうせんはなは》だ到《いた》る。則《すなわ》ち文侯吾《ぶんこうわ》が家《や》を煩《わずら》はす(わ)に非《あら》ず、吾《わ》が家乃《やすなわ》ち文侯《ぶんこう》を煩《わずら》はす(わ)のみ。然《しか》れども親戚《しんせき》の義《ぎ》、相愛相助《そうあいそうじょ》を主《しゅ》と為《な》す、吾《わ》れ彼《か》れを煩《わずら》はし、彼《か》れ吾《わ》れを煩《わずら》はす、亦何《またなん》ぞ較《くら》べん。但《ただ》し吾《わ》が家学問文章《やがくもんぶんしょう》文侯《ぶんこう》の如《ごと》き者《もの》を婿《むこ》と為《な》すを得《う》、永《なが》く斯《こ》の義《ぎ》、斯《こ》の美《び》を失《うしな》ふ(う)ことなからん。

安政《あんせい》二年（一八五五）正月二十六日「兄杉梅太郎宛書翰《あにすぎうめたろうあてしょかん》」

【訳】

小田村伊之助《おだむらいのすけ》の詩及び後書きを拝見しました。小田村が自らいうには、「忙しくて落ち着けず、学問ができません。一家を挙げて君の家に迷惑をお掛けしていますと。松島剛蔵《まつしまごうぞう》、小田村、小倉健作《おぐらけんさく》兄弟は以前から学問が進み、私共も常に刺激を受けております。私が江戸伝馬町《でんまちょう》の獄に入れられた時、小田村兄弟の世話は至れり尽くせりでした。つまり、小田村が我が家に迷惑を掛けるのではなく、我が家が小田村に迷惑を掛けるだけでした。しかし親戚のあり方は、互いにむつみ合い助け合うことを最重要とします。私共が小田村に迷惑を掛けることと小田村が我が家に迷惑を掛けることをどうして比べることがありましょうか、比べるまでもありません。ただし、我が家は学問や文章力のある小田村のような者を婿とすることができました。このありよう、この素晴らしさを末永く失うことがないように。

【解説】

松陰から兄梅太郎に宛てた手紙の一節である。とりわけ、「文侯《ぶんこう》の如《ごと》き者《もの》を婿《むこ》と為《な》す」ことのできたことを記していることは、まだ、杉家にいる妹文を意識した一文とみることもできよう。文が久坂に嫁ぐのはこの二年後のことである。松陰はあらゆる機会を捉えて妹・弟に教えを垂れていることが分かる。

■夫を思うこと

華周《かしゅう》・杞梁《きりょう》の妻《つま》は善《よ》く其《そ》の夫《おっと》を哭《こく》して、国俗《こくぞく》を変《へん》じたりと。

安政《あんせい》二年（一八五五）六月二十六日「清狂《せいきょう》に与《あた(う)》ふる書《しょ》」

【訳】

齊国《せいこく》の大夫《たいふ》華周《かしゅう》と杞梁《きりょう》の妻は、夫の戦死を悲しみ（泣き叫ぶ声がまことに悲痛を極めたので）、一国の風俗まで感化した（夫婦の仲を皆よくした）と。

【解説】

松陰は齊国の華周・杞梁については、「二人《ふたり》の事固《ことども》より中道《ちゅうどう》に非《あら》ざれども、頗《すこぶ》る皇国武士《こうこくぶし》の意気《いき》あり。往《ゆ》いて一見《いっけん》し、怯懦無恥《きょうだむち》の者《もの》を励《はげ》ますべし（華周・杞梁の二人の態度は、勿論、中道を得たものではなかったが、我が国の武士の気概がある。だから、彼等の記事を一見して、臆病《おくびょう》で恥を知らない者を激励するのがよい）」と絶讃している。そして、二人が莒《きょ》で戦死した後、今度はそれぞれの妻が夫を悼《いた》む泣き声で国俗《こくぞく》を変えたと讃えているのである。

夫、妻共に、いずれも偉かったということか。松陰は妹たちに、このような妻となれと教えたのであろう。

■夫は妻を導き、妻は夫に従うこと

凡《およ》そ人《ひと》の家《いえ》、父子《ふし》あり兄弟《けいてい》あり夫婦《ふうふ》あり、然《しか》る後《のち》其《そ》の家完全《いえかんぜん》なり。父《ちち》の子《こ》を慈《じ》せざる、子《こ》の父《ちち》に孝《こう》せざる、兄《あに》の弟《おとうと》に友《ゆう》ならざる、弟《おとうと》の兄《あに》に悌《てい》ならざる、夫《おっと》の婦《よめ》に教《おし(え)》へざる、婦《よめ》の夫《おっと》に順《したが(わ)》はざるより、父《ふ》子相夷《しあいやぶ》り、兄弟墻《けいていかき》に鬩《せめ》ぎ、夫婦目《ふうふめ》を側《そば》め、終《つい》に骨肉相食《こつにくあいは》み家従《いえしたが(っ)》って破毀《はき》するに至《いた》る。是《こ》れ自《みずか》ら破毀《はき》するに非《あら》ずや。

安政《あんせい》二年（一八五五）九月三日「講孟劄記《こうもうさっき》」

【訳】

そもそも家庭には、父子、兄弟、夫婦があり、それでこそ完全な家庭である。しかし、父が子供を慈《いつく》しまず、子供が父に孝行せず、兄が弟に友愛の心をもたず、弟は兄に従順でなく、夫は嫁に教えず、嫁は夫に従わない。これらにより、父子は互いに傷付け合い、兄弟は内輪喧嘩をし、夫婦は反目《はんもく》しあい、ついに一家一族挙げて互いに争いあって家庭崩壊に至る。これこそ将《まさ》に自ら傷つくということではないか。

【解説】

松陰は、夫は妻を教えるべきであり、妻は夫に従うべしと説く。この当たり前と思われることを何度も何度も反復して教えていること、これもまた松陰教育の特色である。

■父子兄弟夫婦の道

君君《きみきみ》たり臣臣《しんしん》たり、父父《ちちちち》たり子子《ここ》たり、兄兄《あにあに》たり弟《おとうと》弟《おとうと》たり、夫《おっと》夫《おっと》たり婦婦《よめよめ》たり、天下《てんか》豈《あ》に平《たいら》かならざることあらんや。（中略）若《も》し君君《きみきみ》たらずと云《い》へ《（え）》ども臣臣《しんしん》たらば天下《てんか》尚《な》ほ《（お）》平《たいら》かなり。（中略）君《きみ》は君《きみ》の道《みち》を尽《つく》して臣《しん》を感格《かんかく》すべし。臣《しん》は臣《しん》の道《みち》を尽《つく》して君《きみ》を感格《かんかく》すべし。父子兄弟夫婦《ふしけいていふうふ》も一理《いちり》なり。

安政《あんせい》二年（一八五五）九月三日「講孟箚記《こうもうさっき》」

【訳】

君が君らしくし、臣が臣らしくする。父が父らしくし、子が子らしくする。兄が兄らしくし、弟が弟らしくする。夫が夫らしくし、婦《よめ》が婦らしくする。このようであれば、天下はどうして太平とならないことがあろうか。ありはしない。（中略）もしも、君が君らしくなくても、臣が臣らしくするなら、やはり天下は太平であろう。（中略）君は君としての道を尽くして、臣を感じ至らせるべきである。臣は臣の道を尽くして、君を感じ至らせるべきである。父子・兄弟・夫婦の関係も同じ道理である。

【解説】

松陰は「夫夫《おっとおっと》たり婦婦《よめよめ》たり」といい、「君君《きみきみ》たらずと云《い》へ《(え)》ども臣臣《しんしん》たらば天下《てんか》尚《な》ほ《(お)》平《たいら》かなり。（中略）君《きみ》は君《きみ》の道《みち》を尽《つく》して臣《しん》を感格《かんかく》すべし。臣《しん》は臣《しん》の道《みち》を尽《つく》して君《きみ》を感格《かんかく》すべし」と述べ、最後に「父子兄弟夫婦《ふしけいていふうふ》も一理《いちり》なり」と記している。

そう考えると、夫婦に関しては、「夫が夫らしくなくても妻が妻らしくするなら、一家は太平である（中略）。夫は夫としての道を尽くして、妻を感じ至らせるべきである。妻は妻の道を尽くして、夫を感じ至らせるべきである」ということになるだろう。

「妻は妻の道を尽して夫を感格すべし」、松陰は決して従順なだけの女子を期待していたわけではないことが分かる。

■士の妻――家業の管理を

「士《し》の妻室《さいしつ》たる者《もの》は、士常《しつね》に朝《ちょう》に在《あ》りて内《うち》を知《し》らず、故《ゆえ》に夫《おっと》に代《か》わりて家業《かぎょう》を戒《いまし》む。豈《あ》に懦弱《だじゃく》を以《もっ》てせんや」と云《い》ふ（う）は、実《じつ》に至言《しげん》なり。

安政《あんせい》三年（一八五六）八月以降「武教全書講録《ぶきょうぜんしょこうろく》」

【訳】

「武士の妻たる者は、武士はいつも役所に勤めており、家の内のことは知らないのであるから、夫になり替わって家業を管理しなくてはならない。どうして柔弱であってよかろうか、よくない」というのは、実にもっともな言葉である。

【解説】

松陰は、武士に対しては、「『外《そと》に出《い（ず）》づるときは則《すなわ》ち内《うち》を忘《わす》るべし』と云《い（う）》ふも切《せっ》要《よう》の語《ご》なり（「外出している時には、家の中のことは忘れるべきである」ということも極めて肝要なことである）」という。これは家を任せるに足る「妻室《さいしつ》」の存在を前提としたものであろう。妻たる者、「懦弱《だじゃく》」であってはならない所以《ゆえん》である。

■節操を守ること（1）

小学《しょうがく》にては漢《かん》の陳孝《ちんこう》の婦《ふ》・曹文叔《そうぶんしゅく》の妻《つま》・唐《とう》の鄭義宗《ていぎそう》の妻《つま》・奉天《ほうてん》の竇氏《とうし》の二女等《じじょとう》なり、就《つ》いて見《み》るべし。又後漢書列女伝《またごかんじょれつじょでん》に載《の》する皇甫《こうほ》規《き》の妻《つま》、董卓《とうたく》を罵《ののし》りて節《せつ》に車下《しゃか》に死《し》し、樂羊子《がくようし》の妻《つま》、盗《とう》を拒《こば》み 姑《しゅうとめ》に代《か》りて刎頸《ふんけい》して死《し》するの、其《そ》の他《た》尚《な（お）》ほ苦節烈行《くせつれっこう》甚《はなは》だ夥《おびただ》し。

安政《あんせい》三年（一八五六）八月以降「武教全書講録《ぶきょうぜんしょこうろく》」

【訳】

『小学』で学ぶべきは漢《かん》の陳孝《ちんこう》の妻《つま》・曹文叔《そうぶんしゅく》の妻・唐《とう》の鄭義宗《ていぎそう》の妻・奉天《ほうてん》の竇《とう》氏《し》の二女《じじょ》等である。『小学』を開いて見てみなさい。また、『後漢書《ごかんじょ》』の『烈女伝』に掲載されている皇甫規《こうほき》の妻は、董卓《とうたく》を罵りながら貞節を守って車の下で死に、樂羊子《がくようし》の妻は、盗賊を拒んで姑《しゅうとめ》になり替わって首を刎《は》ねて自裁《じさい》したことなど、それ以外にも苦しみに耐え気丈《きじょう》に節操を守った話は大変多いのである。

【解説】

戦死した夫陳孝《ちんこう》と出征前に交わした約束を二十八年間守り続け、姑《しゅうとめ》の世話を果たしたその妻。曹文叔《そうぶんしゅく》が戦死したときにまだ若かったので、他家へ嫁がせられることを恐れて髪を切り、両耳を削《そ》いで貞節を守ったその妻。ある夜、盗賊に襲われた時に白刃《はくじん》をふるって姑を守ったといわれる鄭義宗《ていぎそう》の妻《つま》。盗賊に拉致《らち》され連れ去られる途中、隙をみて崖下《がいか》に身を投じて貞節を守ったといわれる竇《とう》氏《し》の美人姉妹。有名な武将であった夫皇甫規《こうほき》死後、いい寄ってきた嘗《かつ》ての部下董卓《とうたく》を拒《こば》んで車の下で死を選んで節操を守ったその妻。夫樂羊子《がくようし》に学問を諫言し、また、強盗に襲われた姑を守って死んだその妻。松陰はこのような女性を絶讃している。このような女性教育の提唱と同時に、こういう女性にふさわしい男子たれという教えでもあったのであろうか。

■節操を守ること（2）

皇国武将《こうこくぶしょう》の妻室《さいしつ》と云《い（う）》ふは、武田勝頼《たけだかつより》の妻北條氏《つまほうじょうし》・細川忠興《ほそかわただおき》の妻明智氏《つまあけちし》・柴田勝家《しばたかついえ》の妻織田氏《つまおだし》〈信長《のぶなが》の妹《いもうと》にて初《はじ》め浅井長政《あさいながまさ》に嫁《か》す。長政《ながまさ》の亡《ほろ》ぶる時《とき》、殉死《じゅんし》せずして大帰《だいき》すれば、其《そ》の節已《せつすで》に闕《か》く。唯《た》だ勝家《かついえ》に殉死《じゅんし》するの一節《いっせつ》取《と》るべし〉・蒲生氏郷《がもううじさと》の妻明智氏《つまあけちし》などの類《たぐい》を指《さ》すにや。其《そ》の外結城親光《ほかゆうきちかみつ》・楠正成《くすのきまさしげ》・菊池寂阿《きくちじゃくあ》等《とう》の妻《つま》（中略）の類《たぐい》、古今枚挙《ここんまいきょ》に遑《いとま》あらず。

安政《あんせい》三年（一八五六）八月以降「武教全書講録《ぶきょうぜんしょこうろく》」

【訳】

我が国武将の妻というのは、武田勝頼《たけだかつより》の妻北條氏《ほうじょうし》・細川忠興《ほそかわただおき》の妻《つま》明智氏《あけちし》・柴《しば》田勝家《たかついえ》の妻織田氏《おだし》〈信長の妹であって、最初は浅井長政《あさいながまさ》に嫁いだ。長政が亡びる時、殉死《じゅんし》せずに実家へ帰ったので、すでに節操を失っている。しかし、勝家に殉死した節操だけは評価できる〉・蒲生氏郷《がもううじさと》の妻明智氏《あけちし》（正しくは織田氏）等の類を指すのであろうか。その他、結城親光《ゆうきちかみつ》・楠木正成《くすのきまさしげ》・菊池寂阿《きくちじゃくあ》等《とう》の妻（中略）など、昔から今まで沢山《たくさん》ありすぎて、いちいち数えきれないほどである。

【解説】

実弟上杉景虎《うえすぎかげとら》を守れなかったとして自裁した北條氏《ほうじょうし》、人質を拒み死を選んだ細川ガラシャ、勝家に殉じたお市《いち》の方、蒲生氏郷《がもううじさと》の死後、側室にと望む秀吉を拒み出家した冬姫《ふゆひめ》。また、結城親光《ゆうきちかみつ》に殉じた妻、夫正成《まさしげ》の後を追おうとした子息正《まさ》行《つら》を諫め留めた母、夫寂阿《じゃくあ》（菊池武時《きくちたけとき》のこと）の死を知り、子息武重《たけしげ》に、「国家に大義を尽くせ」と残して自裁した妻。

松陰は一族の女性にこのような「皇国武将《こうこくぶしょう》の妻室《さいしつ》」たれと教えたのであろう。

■二夫に仕えないこと（1）

今日《こんにち》二三《にさん》夫四五《ふしご》夫《ふ》を更《か》へ《（え）》て恥《は》ぢ《（じ）》ざるの子孫《しそん》は、異日《いじつ》必《かなら》ず二三君四《にさんくんし》五君《ごくん》に事《つか》へ《（え）》て計《けい》を得《え》たりとするの臣僕《しんぼく》なり。

安政《あんせい》三年（一八五六）八月以降「武教全書講録《ぶきょうぜんしょこうろく》」

【訳】

今日多くの夫を替えても恥じない者の子孫は、いつの日か必ず多くの主君に仕えて生計が立てられたと喜ぶつまらない家臣である。

【解説】

松陰はまた「有志《ゆうし》の士《し》真《しん》に今《いま》の弊《へい》を救《すく》は《(わ)》んとならば、先《ま》づ《(ず)》其《そ》の妻《つま》其《そ》の女《むすめ》を教《きょう》戒《かい》するに、前《まえ》に云《い》ふ《(う)》古烈女《これつじょ》の事蹟《じせき》を以《もっ》てし、殊更叮嚀《ことさらていねい》に二夫《にふ》を更《か》へ《(え)》ざるの大義《たいぎ》を教戒《きょうかい》し置《お》き、其《そ》の于帰《うき》に臨《のぞ》みては、又此《またこ》の義《ぎ》を掲示《けいじ》して、且《か》つ夫家万々居《ふかばんばんお》るに堪《た》へ《(え)》ざるのことあらば、自尽《じじん》するの外天地間別道《ほかてんちかんべつどう》あることなきを教戒《きょうかい》すべし。若《も》し敢《あ》へ《(え)》て親家《しんか》に大帰《だいき》する者《もの》あらば、忍《しの》びざることなれども、父兄逼《ふけいせま》りて自尽《じじん》さすべし〔志のある武士が本気で今世の弊害を救おうとするのであれば、まずその妻その娘を教戒する際に、前に述べた昔の烈女の事蹟を手本として、夫を替えないという大義をとりわけ丁寧に教戒し、嫁入りに際しては、この意義に触れ、かつ嫁入り先の家で（義において）どうしても生活に堪えられないことがあれば、自裁する以外にこの世に別の道はないということを教戒するべきである。もしも敢えて実家に戻るようなことがあれば、忍びないことではあるが、父兄が強《し》いて求めて自裁させるべきである」」と教えている。

■烈婦登波——武士のような女性

是《こ》れ、烈婦登波《れっぷとわ》自《みずか》ら其《そ》の名《な》を書《しょ》せるものなり。登波《とわ》賤徒《せんと》にして、これ何《なん》ぞ曾《かつ》て書《しょ》を識《し》らん。顧《おも(う)》ふに其《そ》の貞烈奮激《ていれつふんげき》、これを心《こころ》に発《はっ》し、これを手《て》に運《はこ》ばせしのみ、乃《すなわ》ち爾《しか》観《み》るべきなり。登波《とわ》復讐《ふくしゅう》の事《こと》、固《もと》より已《すで》に烈《れつ》なり。（中略）歳丁巳九月十六日《としていしくがつじゅうろくにち》、登波《とわ》吾《わ》が松下《まつもと》を過《す》ぐ、余《よ》止《と》めて之《こ》れを宿《しゅく》せしむ。登波《とわ》寡言沈毅《かげんちんき》、状貌《じょうぼう》猶《な(お)》ほ丈夫《じょうふ》のごとく、利匕首《りひしゅ》を懐《ふところ》にし、起臥《きが》暫《しば》しも離《はな》さず。道太《みちた》来《きた》り見《み》て、其《そ》の事《こと》に感《かん》じ、其《そ》れをして自《みずか》ら其《そ》の名《な》を書《しょ》せしめ、余《よ》をして之《こ》れに跋《ばっ》せしむ。

安政《あんせい》四年（一八五七）九月十六日「烈婦登波《れっぷとわ》の書《しょ》に跋《ばっ》す」

【訳】

これは、烈女登波《とわ》が自分で名前を書いたものである。登波は身分の賤《いや》しい者であり、どうしてこれ以前に字を知っていたであろうか。考えるに、正しい操《みさお》と心を奮い起こす激しさ、これを心から起こし、これを文字にしただけで、そうみるべきである。登波が主人の仇討《あだう》ちをしたこと、すでに素晴らしいことである。（中略）安政四年九月十六日、その登波が吾が松本村を過ぎようとした時、私は呼び止めて吾が家に宿泊させた。登波は寡黙沈着で剛毅《ごうき》であり、その雰囲気などは立派な武士のようであり、切れ味のいい合口《あいくち》を懐にして、一瞬たりとも離さない。中村道太郎がやってきて登波を見て、感動し、登波に名前を書かせ、また私に後書きを書かせた。

【解説】

松陰は被差別部落の出身である登波を杉家に宿泊させている。これだけでも松陰という青年の人間観が分かる。その上、亡き主人の仇討ちをした登波を絶讃している。

これも杉家で育った故の松陰の生き方であろうか。このような人物に男女差別意識があり得ようか。

■先祖への大孝を

小田村輩世《おだむらはいよ》の所謂学者《いわゆるがくしゃ》、死《し》して益《えき》なく、罪《つみ》して功《こう》なしなどと馬鹿《ばか》を云《い》うて、官禄妻子《かんろくさいし》を保全《ほぜん》するを以《もっ》て祖先《そせん》への大孝《だいこう》として居《お》る。古《いにしえ》より忠臣義士《ちゅうしんぎし》誰《た》れが益《えき》の有無《うむ》、功《こう》の有無《うむ》を謀《はか》りて後忠義《のちちゅうぎ》したか。時《じ》事《じ》を見《み》てたまらぬから前後《ぜんご》を顧《かえり》みず忠義《ちゅうぎ》をするではなきか。

安政《あんせい》六年（一八五九）三月十六日以後「入江杉蔵宛書翰《いりえすぎぞうあてしょかん》」

【訳】

小田村伊之助《おだむらいのすけ》ら世のいわゆる学者は、死んでも益がない、罪に問われても功績はないなどと馬鹿なことをいって、肩書や俸禄《ほうろく》、妻や子を守ることを先祖への大孝行と考えている。昔より忠臣義士と呼ばれた武士で、誰が利益や功績の有無を考えてから忠義を実践しただろうか。時の情勢を鑑《かんが》みてたまらないから前後を顧《かえり》みずに忠義をするのではないか。

【解説】

松陰は、長年の同志であり、妹壽子の夫でもある小田村伊之助のいう「官禄妻子《かんろくさいし》」「保全《ほぜん》」は、先祖への孝行などではないと入江杉蔵に教えている。この点については、畏友《いゆう》と大きく意見を異にしている。

松陰としては、武士の妻たる者も常にこの覚悟をもてと考えていたのであろう。

■夫のために美しくあること

詩経《しきょう》に「豈《あ》に膏沐《こうもく》なからんや。誰《た》れを適《あるじ》として容《かたち》を為《な》さん」とか申《もう》す二句《にく》、曾《かつ》て何心《なにごころ》なく読《よ》み居《お》り候所《そうろうところ》、後《のち》に曹大家《そうたいこ》の女誡専心《じょかいせんしん》の篇《へん》を見候《みそうら(え)》へば上下《じょうげ》の文《ぶん》ありて、中《なか》に「出《い》でては冶容《やよう》なく、入《い》りては廃飾《はいしょく》なし。……此《こ》れ則《すなわ》ち専心正色《せんしんせいしょく》と謂《い(う)》ふ」とあり。又上下《またじょうげ》の文《ぶん》ありて、「入《い》りては則《すなわ》ち髪《かみ》を乱《みだ》し形《かたち》を壊《みだ》り、出《い》でては則《すなわ》ち窈窕態《ようちょうたい》を作《な》す。……此《こ》れ専心正色《せんしんせいしょく》なる能《あた(わ)》はずと謂《い(う)》ふ」と之《こ》れあり候《そうろう》。（中略）膏沐《こうもく》は偏《ひとえ》に夫《おっと》に事《つか(う)》ふる礼《れい》にて、他人《たにん》へ見《み》せものに致《いた》すには之《こ》れなき筈《はず》にて、詩語《しご》乃《すなわ》ち礼意《れいい》かと存《ぞん》じ奉《たてまつ》り候《そうろう》。

安政《あんせい》六年（一八五九）五月十九日「叔父《おじ》玉木文之進《たまきぶんのしん》宛《あて》書翰《しょかん》」

【訳】

『詩経』に、「どうして紅を付けたり髪を洗ったり、身だしなみに気を付けないのだろうか。誰を主人として形を整えるのだろう」とかいう二句について、私はかつてこれを何とも思わず読んでおりましたが、後に曹大家の『女誡』専心篇を見ておりましたら、その前後の文章があり、その中に、「外出時にはなまめかしい容姿にはならず、家にいる時には美しく飾っている。……これを正しい身繕いという」とあった。また、「家にいる時は髪を乱し、外出する際には艶《あで》やかな姿をする。……これを正しい身繕いをすることができないという」とあった。（中略）身だしなみは、専《もっぱ》ら夫に仕える時の礼儀であって、他者へ見せるためのものではないはずであり、『詩経』の言葉はつまり礼儀を説いているかと思います。

【解説】

「膏沐《こうもく》は偏《ひとえ》に夫《おっと》に事《つか（う）》ふる礼《れい》」、松陰はこんなことまで叔父玉木文之進《たまきぶんのしん》に書き送っていた。当然、叔父玉木を通じて、妹たちへの教育を期待したものであろう。幕末の志士吉田松陰にもこんな一面があった。

■礼儀に従うこと

当今《とうこん》、少婦輩内《しょうふはいうち》にては乱髪壊形《らんぱつかいけい》し、外《そと》にては窈窕態《ようちょうたい》を作《な》すを当《あた》り前《まえ》の事《こと》と考《かんが(え)》へ候《そうろう》様相《ようあい》見《み》え候《そうろう》。是《こ》れは古礼《これい》に叶《かな(わ)》はざる事《こと》と存《ぞん》じ奉《たてまつ》り候《そうろう》。（中略）丈人様《じょうじんさま》尤《もっと》もとも思召《おぼしめ》し候《そうら(わ)》はば、宗族中《そうぞくちゅう》の婦女共《ふじょども》へ此《こ》の趣《おもむき》御講談《ごこうだん》頼《たの》み奉《たてまつ》り候《そうろう》。閨門《けいもん》は正家《せいけ》の本《もと》に候《そうら(え)》へば狂姪《きょうてつ》の迂論《うろん》に及《およ》ばずして人々講究《ひとびとこうきゅう》の事《こと》とは存《ぞん》じ奉《たてまつ》り候《そうら(え)》へども、訣語申《けつごもうし》上《あ》げ候《そうろう》なり。

安政《あんせい》六年（一八五九）五月十九日「叔父玉木文之進宛書翰《おじたまきぶんのしんあてしょかん》」

【訳】

最近、年若い婦人たちは家の中では身繕いをせず、外出時には艶やかに化粧することを当たり前と考えているように思われます。これは昔からの礼儀に反したことと考えます。（中略）叔父上様ももっともであるとお考えであれば、一族中の婦女子たちへこのことを諭してくださるようお願い申し上げます。夫婦の関係が家を正しく整える根本でありますので、私などが今更口にするまでもなく、すでに皆さんお考えのこととは思いますが、お別れの言葉として一言申し上げました。

【解説】

これが、松陰が叔父玉木文之進《たまきぶんのしん》個人宛に送った最後の手紙である。ここでも、女子の身繕いは主人への礼儀であることを述べ、一族中の婦女子へお諭しくださいと祈念している。最後の最後まで、妹たちのことを思っていたことが分かる。

第四章　母の道を説く

やがて妹たちにも子供が出来る。
松陰の甥っ子たちだ。
まるで我が子のように喜んだ
松陰の妹たちへの言葉は
武士の子としてしっかりと
育ってほしいという
祈りに満ちている。

■子のためを思うこと

太孺人《たいじゅじん》、中歳《ちゅうさい》にして寡居《かきょ》し、日夜一子《にちやいっし》の建立《けんりつ》の時《とき》あるを竢《ま》つ、儼《げん》として愉色《ゆしょく》なし。即《も》し従遊《じゅうゆう》の士《し》数ゝ来《しばしばきた》り、殿卿又往々牘《でんけいまたおうおうとく》を輟《や》めて之《こ》れを迎《むか(え)》へ、終日帷《しゅうじつとばり》を下《おろ》して誦《しょう》するを得《え》ざるときは、太孺人始《たいじゅじんはじ》めは猶《な(お)》ほ客《きゃく》に対《たい》するがごとく、詳《つまび》らかに殿卿《でんけい》を呵責《かせき》することを為《な》し、之《こ》れを久《ひさ(しゅう)》しうして従遊《じゅうゆう》の士《し》復《ま》た謝絶《しゃぜつ》せざるときは、太孺人則《たいじゅじんすなわ》ち扃《けい》鑰《やく》もて門戸《もんこ》に持《じ》し、気《き》を盛《さか》んにし辞《ことば》を厲《はげ》まし、鞅鞅《おうおう》として諸子《しょし》を去《さ》らしむ。故《ゆえ》を以《もっ》て殿卿択交《でんけいたくこう》なし。

嘉永《かえい》五年（一八五二）九月「猛省録《もうせいろく》」

【訳】

許邦才《きょほうさい》の母は中年の頃に寡婦《かふ》となり、それからは日夜一人息子の邦才が一人前の男子となることを待ち続け、何ものにも動ずることなく、また、喜びの顔さえ見せなかった。もしも遊び友達が度々来て、邦才がその都度勉強を止めては友人等を迎え、一日中、勉強しないような時には、母は、最初は賓客に対するように、こと細かにその非を説いて邦才を叱り、それでもまだ邦才がまた遊び友達を断らない時には、母は家の玄関に鍵をかけ、気力を振り絞って語気を強め、不満に思う友達を立ち去らせた。こういうわけで、邦才は交際する友を選ぶこともなかった。

【解説】

「猛省録」は、嘉永四年から五年の「東北遊旅行」により亡命の罪に問われ、帰郷した松陰が、「古人の勉学刻苦のあとを抄出したものの中から、さらに二十か条を整写して（中略）友人井上壮太郎」に「贈ったもの」とされる。その中に、この許邦才《きょほうさい》の母の話がある。いずれ人の母となるであろう妹千代、壽子、文らに向け、敢えて記したものかもしれない。

いずれにせよ、松陰が許邦才の母の生き方を是《ぜ》としていることは間違いない。

■幼児教育のすすめ

侄篤太《てつとくた》の降誕《こうたん》を祝《しゅく》す

汝父為儒夙絶倫《なんじのちちはじゅとなりつとにぐんをぜっす》。汝有二叔皆名文《なんじににしゅくありみなぶんになあり》。汝之外家世好学《なんじのがいけはよよがくをこのむ》。
汝之生若有宿因《なんじのうまるるやしゅくいんあるがごとし》。近世薄俗競軽俊《きんせいはくぞくけいしゅんをきそい》。坦々古道多荊榛《たんたんたるこどうけいしんおおし》。
汝已得名称篤太《なんじすでになをえてとくたとしょうす》。篤太善篤令俗淳《とくたよくあつくしてぞくをすなおならしめよ》。吾聞古人重胎教《われきくこじんたいきょうをおもんじ》。
能使生子才過人《よくせいしをしてさいひとにすぎしむと》。況汝口泣目已視《いわんやなんじくちなきめもすでにみる》。吾為此言汝必聞《われこのげんをなすなんじかならずきけ》。

安政《あんせい》元年（一八五四）十一月九日～十一日「兄杉梅太郎《あにすぎうめたろう》と往復書簡《おうふくしょかん》」

【訳】

甥篤太郎《とくたろう》の誕生を祝う

お前の父小田村伊之助《おだむらいのすけ》は儒者となり、以前から抜きんでている。お前には二人の叔父杉梅太郎と私松陰がおり、共に学問で名がある。お前の一族は代々学問を好んできた。お前が我が一族に生まれたことは前世からの因縁《いんねん》だったようである。現在は思慮の浅い俗人が軽い才知を競い合っている。平らかな古道は棘《いばら》や榛《はしばみ》に蔽《おお》われ隠れている。お前はすでに名前をいただき、篤太と呼ばれている。篤太、しっかり恩愛深い人となり、軽薄な風俗を淳良《じゅんりょう》に変えよ。私は昔の人が胎教を大切にしたと聞く。胎教の厚い幼児は才能が他の子より豊かであるという。ましてやお前は泣き声を発し、目もすでに見えている。私のこれらの言葉を必ず聞きなさい。

【解説】

妹壽子の子である篤太郎《とくたろう》の誕生を祝う漢詩である。篤太郎本人に宛てたものでないことはいうまでもない。とりわけ、「篤太善篤令俗淳《とくたよくあつくしてぞくをすなおならしめよ》」との一節は、篤太郎の母である妹壽子に、篤太郎がこのような人物となるような教育をせよとの教えであろう。ここから、松陰は幼児教育の重要性を意識しており、妹の子に対して実践していたとみることができる。

■温和に子育てを

阿寿《おひさしょう》少にして褊癖《へんぺき》の気《き》あり、此《こ》の気恐《きおそ》らくは生子《せいし》の累《るい》とならん。然《しか》れども今已《いますで》に子《こ》を抱《だ》く、決《けっ》して前日《ぜんじつ》の如《ごと》きに至《いた》らざらん、温柔《おんじゅう》寛緩《かんかん》、以《もっ》て生子《せいし》を育《はぐ》くみ、以《もっ》て他日学《たじつがく》を為《な》すの資《し》と為《な》さんことを。至祈《しき》なり。

安政《あんせい》元年（一八五四）十一月九日～十一日「兄杉梅太郎《あにすぎうめたろう》と往復書翰《おうふくしょかん》」

【訳】

お壽は子供の頃からせっかちな気性があり、これは篤太郎《とくたろう》の血の中に受け継がれて災いの元となるだろう。しかし今日篤太郎を抱いているのだから、決して昨日と同じようではないだろう、温和かつおっとりとした態度で篤太郎を育て、そしていつの日か篤太郎が学問をする時のよりどころとするように心掛けなさい。それが最大の願いである。

【解説】

松陰は妹壽子の気性《きしょう》を心配し、母としての壽子の成長を願っている。また、甥篤太郎が「他日学《たじつがく》を為《な》すの資《し》と為《な》さん」ため、母壽子に「温柔寛緩《おんじゅうかんかん》」たれと説く。温和かつおっとりとした態度で育てなさいとまで指導する松陰のこまめさには、感服するほかない。

■あるべき母の姿

凡《およ》そ人《ひと》の子《こ》のかしこき《（賢）》もおろかなる《（愚）》もよき《（善）》もあしき《（悪）》も、大《たい》てい父母《ふぼ》のをしへ《（教え）》に依《よ》る事《こと》なり。就中男子《なかんずくだんし》は多《おお》くは父《ちち》の教《おしえ》を受《う》け、女子《じょし》は多《おお》くは母《はは》のをしへ《（教え）》を受《う》くること、また其《そ》の大《たい》がいなり。さりながら、男子女子《だんしじょし》ともに十歳已下《じゅっさいいか》は母《はは》のをしへ《（教え）》をうくる《（受）》こと一《ひと》しほ《（お）》おほ《（お）》し。故《ゆえ》は父《ちち》はおごそか《（厳）》に母《はは》はしたし《（親）》、父《ちち》はつねに外《そと》に出《い》で、母《はは》は常《つね》に内《うち》にあればなり。然《しか》れば子《こ》の賢愚善悪《けんぐぜんあく》に関《あずか》る所《ところ》なれば、母《はは》の教《おしえ》ゆるがせにすべからず。併《しか》しその教《おしえ》といふ《（う）》も、十歳已下《じゅっさいいか》の小児《しょうに》の事《こと》なれば、言語《げんご》にてさとす《（喩）》べきにもあらず。只《た》だ正《ただ》しきを以《もっ》てかんずる《（感）》の外《ほか》あるべからず。

安政《あんせい》元年（一八五四）十二月三日「妹《いもうと》千代《ちよ》宛書翰《あてしょかん》」

【訳】

そもそも人の子の賢いのも愚かなのも、善いのも悪いのも、父母の教えによるところが大きい。とりわけ、男子は多く父親の教えを受け、女子は母親の教えを受けることが、そのほとんどである。しかしながら、男子女子共に十歳以下は母の教えを受けることがひときわ多い。その理由は父は厳《おごそ》かで、母は親しみやすく、また、父は常に外出しており、母は常に家にいるからである。従って子供の賢愚善悪に関係することなので、母たる者は子供への教えをなおざりにするべきではない。しかしその教えといっても、十歳以下の子供に対するものなので、言葉で諭すべきものでもない。ただ正しい生き方をして感じさせる以外にないのである。

【解説】

松陰は妹千代に対し、子供に「したし《（親）》」くあれ、また、「正《ただ》しき」人たれと教えている。そして更に、母のあり方は、「子《こ》の賢愚善悪《けんぐぜんあく》に関《あずか》る所《ところ》」だから、「ゆるがせにすべからず」と諭している。千代はいくつになっても松陰にとってはかわいい、大切な妹だったのであろう。

■胎教のすすめ

昔聖人《むかしせいじん》の作法《さほう》には胎教《たいきょう》と申《もう》す事《こと》あり。子《こ》胎内《たいない》にやどれば、母《はは》は言《もの》語《いい》立居《たちい》より給《たべ》ものなどに至《いた》るまで万事《ばんじ》心《こころ》を用《もち（い）》ひ、正《ただ》しからぬ事《こと》なき様《よう》にすれば、生《うま》るる子《こ》、なり《（形）》すがた《（姿）》ただ《（正）》しく、きりやう《（器量）》人《ひと》に勝《まさ》るとなり。物《もの》しらぬ人《ひと》の心《こころ》にては、胎内《たいない》に舎《やど》れるみきき《（見聞）》もせずもの《（物）》もいは《（わ）》ぬものの、母《はは》が行《おこない》を正《ただ》しくしたりとてなどか通《つう》ずべきと思《おも》ふ《（う）》べけれど、こは道理《どうり》を知《し》らぬゆゑ《（故）》合点《がてん》ゆかぬなり。

安政《あんせい》元年（一八五四）十二月三日「妹《いもうと》千代《ちよ》宛書翰《あてしょかん》」

【訳】

昔、聖人には胎教という教えがあった。子供が母の胎内に宿れば、母は言葉遣い、立ち居振る舞いから食べ物に至るまで全てに用心し、正しくないことがないようにすれば、生まれてくる子は姿かたちは正しく、器量は他者に勝るとされていた。道理に暗い人々の考えでは、胎内に宿った、目も見えず、口もきけないものが、母の行いが正しいからといってどうしてそれが影響を与えるであろうかと思うようであるが、これは道理というものを知らないために理解できないのである。

【解説】

中江藤樹《なかえとうじゅ》の『翁問答《おきなもんどう》』に「昔《むかし》は胎教《たいきょう》とて胎内《たいない》にある間《あいだ》にも母徳《ぼとく》の教化《きょうか》あり。今時《いまどき》の人《ひと》は至理《しり》を知《し》らざる故《ゆえ》に幼《おさな》きうちに教《おしえ》はなきものなりと思へ《おも(え)》り。教化《きょうか》の真実《しんじつ》をしらずして、ただ口《くち》にていひ《(い)》教へ《おし(え)》ぬるばかりを、教《おしえ》と思ふ《おも(う)》よりおこりたる迷《まよい》なり（昔は「胎教」といって、母の胎内にあるうちから胎児への「母徳の教化」を行ったのである。今時の人は至極もっともな道理を知らないので、幼少の時分には教えることはないものと勘違いしている。「教化」ということの本質を知らずに、ただ口で教えることばかりを教育と思い込んでいるので、このような誤りを犯しているのである)」とある。松陰は或いはこれに学んだものか。

■母の行いを正しくすること

凡《およ》そ人《ひと》は天地《てんち》の正《ただ》しき気《き》を得《え》て形《かたち》を拵《こしら》へ《(え)》、天地《てんち》の正《ただ》しき理《ことわり》を得《え》て心《こころ》を拵《こしら》へ《(え)》たるものなれば、正《ただ》しきは習《なら》は《(わ)》ず教《おし》へ《(え)》ずして自《みずか》ら持得《もちう》る道具《どうぐ》なり。ゆゑ《(故)》に母《はは》の行《おこない》ただし《(正)》ければ、自《みずか》らかん《(感)》ずること更《さら》にうたが《(疑)》ふ《(う)》べきあらず。是《こ》れを正《ただしき》を以《もっ》て正《ただ》しきを感《かん》ずると申《もう》すなり。まして生《うま》れ出《で》て目《め》もみえ耳《みみ》もきこえ口《くち》ものいふ《(う)》に到《いた》りては、たとへ《(え)》小児《しょうに》なればとて何とて正《ただ》しきに感《かん》ぜざるべきや。

安政《あんせい》元年（一八五四）十二月三日「妹《いもうと》千代《ちよ》宛書翰《あてしょかん》」

【訳】

そもそも人というものは天地の正しい気を得て形を作り、天地の正しい道理を得て心を作ったものであるから、何が正しいかということについては、習わなくても、また、教えなくても、自然に身に付いているものである。だから母の行いが正しければ、自分からそれを是とすることは疑うこともない。これを正しい心をもって正しいことを感じるというのである。ましてやこの世に生まれ出て目も見え、耳も聞こえ、口もものをいうようになっていれば、たとえ子供だからといっても正しいことを感じないことがあろうか、ありはしない。

【解説】

松陰は子育てに当たる妹千代に対し、自ら信じるところである、人の性善たることを説いている。

「母《はは》の行《おこない》（正）しければ」とは、松陰の信念である。これを、敢えて述べていることに、千代及び萬吉を思う松陰の優しさを感じる。

■生育環境の大切さ

いろはたとへ（え）にも氏《うじ》よりはそだ（育）ちと申《もう》す事《こと》あり、子供《こども》をそだ（育）つる事《こと》は大切《たいせつ》なる事《こと》なり。

安政《あんせい》元年（一八五四）十二月三日「妹《いもうと》千代《ちよ》宛書翰《あてしょかん》」

【訳】

いろは歌にも氏素性《うじすじょう》のよさよりは子供の育て方や環境が大事であるといっている。子供を育てることは実に大変なことである。


【解説】

松陰は、子供の育て方や環境を重視している。更に、「子供《こども》をそだ（育）つる事《こと》は大《たい》切《せつ》なる事《こと》なり」との一言は、子供は勝手に育つのではない、きちんと育てるから育つのである、との意味であろう。将に母千代への激励である。

■子育てで大切な三つのこと

先祖《せんぞ》を尊《とうと》ぶと、神明《しんめい》を崇《あが》むると、親族《しんぞく》を睦《むつま》じくすると、已上三事《いじょうさんじ》なり。是《こ》れが子供《こども》をそだ(育)つる上《うえ》に大切《たいせつ》なる事《こと》なり。父母《ふぼ》たるもの此《こ》の行《こう》あれば、小供《こども》は誰《た》れ教《おし》ふ(う)るとなく自《おのずか》ら正《ただ》しき事《こと》を見習《みなら》ひ(い)て、か(賢)しこくもよ(善)くもなるものなり。扠《さ》て又《また》子供《こども》やや成長《せいちょう》して人《ひと》の申《もう》す事《こと》も耳《みみ》に入《い》る様《よう》になりたらば、右等《みぎら》の事《こと》を本《もと》とし古今《ここん》の種々《しゅじゅ》なる物語《ものがたり》致《いた》しき(聞)かすべし。小供《こども》の時《とき》聞《き》きたる事《こと》は年《とし》を取《と》りても忘《わす》れぬものなれば、埒《らち》もなき事《こと》を申《もう》し聞《き》かすよりは少《すこ》しなりとも善《よ》き事《こと》を聞《き》かするにしくはなし。

安政《あんせい》元年(一八五四)十二月三日「妹《いもうと》千代《ちよ》宛書翰《あてしょかん》」

【訳】

先祖を尊ぶこと、神様を崇《あが》めること、親戚が仲良くすること、以上の三点である。これが子供を育てる上で大切なことである。父母たる者がこれを実行すれば、子供は誰が教えなくても自分から正しいことを見習い、賢くも善き人にもなるものである。さて、子供が少し成長して他人のいうことも分かるようになれば、以上のことを基本として、昔から現在までの色々な物語などを話して聞かせるべきである。子供の頃に聞いたことは年を取っても忘れないものであるので、くだらないことを聞かせるよりは少しでも善いことを聞かせるに勝《まさ》るものはない。

【解説】

松陰による、幼児教育の勧めである。ポイントは三つ。「先祖《せんぞ》を尊《とうと》ぶ」こと、「神明《しんめい》を崇《あが》むる」こと、「親族《しんぞく》を睦《むつま》じくする」こと。松陰はこれを実践するだけで子供は自ずから「かしこく（賢）もよく（善）もなる」と教えている。経験のない松陰は、これをどこで学んだのであろうか。

更に、成長して他者の話が分かるようになれば、色々な「善き」物語の読み聞かせをするのがよいとも教えている。

■学問の重要性

侄《てつ》阿萬《おまん》に与《あた(う)》ふ

萬也当日長。《まんやまさにひにちょうずべし》不見又一年。《みざることまたいちねん》已免父母懐。《すでにふぼのふところをはなれ》未立師傅前。《いまだしふのまえにたたず》
仲父坐牢狴。《ちゅうふろうへいにざし》晨夕守遺編。《しんせきいへんをまもる》愛汝無助之。《なんじをあいするもこれをたすくるなし》道古附詩篇。《いにしえをいいてしへんにふす》
王尊叱九折。《おうそんきゅうせつをしっし》孟母楽三遷。《もうぼさんせんをたのしむ》分陰師陶侃。《ぶんいんとうかんをしとし》一経慕韋賢。《いっけいいけんをしたう》
忠孝誠可貴。《ちゅうこうまことにとうとぶべし》学問為之先。《がくもんこれがせんをなす》萬也汝善聴。《まんやなんじよくきけ》長江有深淵。《ちょうこうにはしんえんあり》

安政《あんせい》元年（一八五四）十二月三日「妹《いもうと》千代《ちよ》宛書翰《あてしょかん》」

【訳】

甥児《おいこ》玉萬吉《だままんきち》に与える

萬吉や、おまえはもうかなり大きくなっただろう。会わなくなって一年になる。すでに両親の懐を離れたことであろう。しかし、まだ師匠について学問をするほどではあるまい。叔父松陰は野山獄中に坐り、朝夕、古聖賢の遺著を拝読し、その教えを実践している。お前を愛する思いは大変深いものがあるが、獄中ではお前を指導することもできない。せめて古の聖賢の道を詩にしてお前に送ろう。昔、王尊《おうそん》という者が危険な山道で御者を叱って難路を早く通過したということは、忠義の思いからであった。孟子の母が三回住居を移して、孟子の教育に当たったというが、その母の慈愛を忘れてはならない。陶侃《とうかん》が死後に名を残そうとして、僅かな時間も惜しんで努力したことを手本として学問に励まなくてはならない。また、聖人の経典を敬い慕い、韋賢《いけん》のような人物に学ぶべきである。このように人として貴ぶべきは忠孝の大道である。このためには学問をすることが第一である。萬吉や、この叔父の言葉をよく聞き入れてくれ。人生は長江に深い淵があるように、油断のできないものなのであるから。

【解説】

松陰は野山獄中において実践している古聖賢の教えを記し、「忠孝誠可貴《ちゅうこうまことにとうとぶべし》。学問為之先《がくもんこれがせんをなす》」と妹千代に書き送っている。甥萬吉をこのように育てよという、松陰の幼児教育の実践記録である。

■男子の育て方（1）

日本《にっぽん》は武国《ぶこく》と申《もう》し候《そうらい》てむかしより勇気《ゆうき》を重《おも》しと致《いた》し候国《そうろうくに》にて、殊《こと》に士《し》は武士《ぶし》と申《もう》し候《そうら(え)》へば別《べっ》して勇《ゆう》が大切《たいせつ》にて、小供《こども》へいとけなき《（幼）》折《おり》からこの事《こと》をしへ《（教え）》こみ候事肝要《そうろうことかんよう》に候《そうろう》。江戸絵《えどえ》や武者人形《むしゃにんぎょう》、又《また》正月《しょうがつ》や端午《たんご》に弓矢《ゆみや》・のぼりなどかざり候様《そうろうよう》の事《こと》もまんざら遊《あそ》び事《ごと》にては之《こ》れなく候《そうろう》。又軍書《またぐんしょ》の中《なか》にある軍《いく》さの絵《え》など小《こ》どもに見《み》せ候《そうら(え)》へば、自《し》ぜんと知《し》らず覚《おぼ》えず勇気《ゆうき》が増《ま》すものに候《そうろう》。

安政《あんせい》元年（一八五四）十二月十六日「妹《いもうと》 千代《ちよ》宛書翰《あてしょかん》」

【訳】

我が日の本の国は武の国といって昔から勇気を貴ぶ国であり、とりわけ男子は武士と唱えるからには特に勇気をもつことが大切で、子供へ幼い頃からこのことを教え込むことが非常に大切である。江戸絵や武者人形、また、正月や端午《たんご》の節《せっ》句《く》に弓矢や幟《のぼり》などを飾ることも必ずしも遊びごとなどではないのである。また、軍記物の中にある戦の絵などを子供に見せれば、自然と知らないうちに勇気も増すものである。

【解説】

松陰はここでも、幼児教育の必要性を説いている。そして、「武国」に生きる武士の子供の遊びは単なる遊びであってはいけない。全て勇気を培《つちか》うための糧《かて》であると、妹千代を教えている。これも松陰自身の体験からの言葉であろうか。

■男子の育て方（2）

天家《てんけ》の遺策《いさく》今《いま》に至《いた》るまで伝《つた》ふ《（う）》、好《よ》し夷酋《いしゅう》を斬《き》つ《（っ）》て上古《じょうこ》に復《ふく》せよ。

安政《あんせい》二年（一八五五）「小田村《おだむら》外侄《がいてつ》阿篤《おとく》初《はじ》めて重五《じゅうご》に値《あ》へ《（え）》るを賀《が》す」

【訳】

我が古代朝廷の雄略進取《ゆうりゃくしんしゅ》の国策は今に至るまで伝わっている。よし、米国の使いを斬ってあのよき時代へ戻せ。


【解説】

妹壽子の子である甥小田村篤太郎の初節句に贈った漢詩である。このような気概をもつ男児に育てよという壽子へのエールであろう。松陰はやはり幼児教育を実践している。

■母親の強さとは

○半七《はんしち》、初《はじ》め周二郎《しゅうじろう》と云《い》ふ《（う）》、少《しょう》より槍《やり》を学《まな》ぶ。年二十四《としにじゅうし》なる時《とき》誤《あやま》つ《（っ）》て対手《あいて》の為《た》めに目《め》を撞《つ》かれ一目《いちめ》の玉飛出《たまとびだ》したり。時《とき》に貞助《ていすけ》（中略）居合《いあわ》せ大《おお》いに驚《おどろ》き、（中略）渠《かれ》が母《はは》の許《もと》へ趨《はし》り、かくと告《つ》げければ、母《はは》の云《い》は《（わ）》く、「若《わか》き者《もの》の武芸《ぶげい》の為《た》めに夫《そ》れ位《くらい》の事《こと》あるは当《あた》り前《まえ》、態《わざ》と御聞《おき》かせには及《およ》ばぬことなり」とて、少《すこ》しも驚《おどろ》かずぞありける。

安政《あんせい》四年（一八五七）三月二十一日「吉日録《きちじつろく》」

【訳】

林半七、初めは周二郎（正しくは周次郎）という。幼少より槍術を学ぶ。二十四歳の時に不慮の事故で相手に目を突かれ、片一方の目玉が飛び出した。その時、居合わせていた大野貞助が大変驚き、（中略）林の母の元へ走って、事故を告げたところ、林の母親は「若い者が武芸稽古中にそれくらいのことがあるのは当たり前である。わざわざ連絡にお出でになるほどのことではありません」といって、少しも驚かなかったということである。

【解説】

林半七の母、この剛胆《ごうたん》さが武士の母たる者のあるべき姿か。

なお、林は後に奇兵隊参謀、第二奇兵隊軍監として各地を転戦した。槍術でも有名であったという。維新後は大蔵大丞《たいじょう》、福本義亮著『松下松塾をめぐりて』によれば、「維後後大蔵《おおくら》大亟」（正しくは大丞）、内務卿代理等を歴任し、晩年宮中顧問官・枢密院議員（正しくは枢密院顧問官・宮中顧問官）となり華族」となったという。

■優れた母には優れた子

賢母《けんぼ》あらば必《かなら》ず賢子《けんし》あり。

安政《あんせい》四年（一八五七）四月五日「周布君《すふくん》の太孺人某氏八十寿《たいじゅじんぼうしやそじゅ》の序《じょ》　家兄《かけい》に代《かわ》りて」

【訳】
人として優《すぐ》れた母がいれば、人として優れた子供がいる。

【解説】
畏友周布政之助《すふまさのすけ》の母の八十歳を祝い、兄梅太郎に代わって松陰が記したものである。将に真理である。

■武家の習い

そもじ両人《りょうにん》の男子《だんし》は皆御上《みなおかみ》の御《おん》ため又義理《またぎり》のために一命差上《いちめいさしあ》げ候《そうら》へ《(え)》ば、亡夫《ぼうふ》へ御対《おんたい》し候《そうらい》ても御申訳《おもうしわけ》は之《こ》れある事《こと》、いづ《(ず)》れ御奉公《ごほうこう》申《もうし》上《あ》げ候《そうろう》からは、男子《だんし》は母親《ははおや》の膝元《ひざもと》につき添《そ》ひ《(い)》て世《よ》を送《おく》り候様《そうろうよう》にのみは相成《あいな》りがたきは武家《ぶけ》の習《ならい》と御明《おあき》らめ成《な》さるべし。

安政《あんせい》六年（一八五九）三月十一日「入江満智子宛書翰《いりえまちこあてしょかん》」

【訳】

あなたのお二人の男の子は皆殿様、ひいては陛下の御為《おんため》、また、（武士としての）義理のために一命を差し出されたのであるから、亡きご主人へ対されても申し分はありります。どのみちご奉公の道を生きるからには、男子たる者、母親に付き添って人生を恙《つつが》なく生きるのみにはならないことは、武家の習いであるとしてお諦《あきら》めなさいませ。

【解説】

「武家の習」、松陰もかつて教えられ、また、常日頃から妹たちに語ってきたことであろう。

■おごる心の悪影響

婦人《ふじん》は夫《おっと》を敬《うやま(う)》ふ事《こと》父母《ふぼ》同様《どうよう》にするが道《みち》なり。夫《おっと》を軽《かる》く思《おも(う)》ふ事当時《ことどうじ》の悪風《あくふう》なり。又奢《おご》りが甚《はなは》だ悪《わる》い事《こと》、家《いえ》が貧《ひん》に成《な》るのみならず、子供《こども》のそだちまで悪《あ》しく成《な》るなり。

安政《あんせい》六年（一八五九）五月十四日「諸妹宛書翰《しょまいあてしょかん》」

【訳】

婦人は夫を（自分の）両親と同じように敬うのがあるべき姿である。夫を軽く考えることは現在の悪い風俗である。また、奢る心が大変悪いということは、家が貧乏になるだけではなく、子供の育ちまで悪くなる（ことでも分かる）。

【解説】

松陰は、妻や母の心に「奢《おご》り」が生ずると、子供の育ちまで悪くなると教えている。

しかし、松陰も非難している、「夫《おっと》を軽《かる》く思《おも（う）》ふ」「悪風《あくふう》」とは、幕末とて同様であったか。

■武士のあり方

諸妹《しょまい》に贈《おく》る　心《こころ》あれや人《ひと》の母《はは》たる人達《ひとたち》よかからん事《こと》は武士《もののふ》の常《つね》

安政《あんせい》六年（一八五九）五月十七日「諸妹《しょまい》に贈《おく》る」

【訳】

妹たちに贈る　日頃から心得、覚悟があって然《しか》るべきですぞ、人の母である妹たちよ。この度、私が江戸召還命令を受けるようなことは、武士には普通のことであるのでありますから。

【解説】

「人《ひと》の母《はは》たる」と敢えて詠《よ》んでいるということは、松陰は単なる妹ではなく、甥姪たちの母としての妹たちに、このように贈ったのである。子供たちに自分のような生き方をさせろという意味を込めたものだったのであろうか。

第五章　松陰の女性観

生涯独身であった松陰。
松陰にも憧れた女性がいたという説もあるが、
その時代と生き方、妹たちへの教えを知れば、
首をかしげざるをえない。
では、松陰の理想とする女性像は……。

■二夫に仕えないこと（2）

抑ゝ《そもそも》古語《こご》に「忠臣《ちゅうしん》は二君《にくん》に事《つか》へ《（え）》ず」を以《もっ》て、「列女《れつじょ》は二夫《にふ》を更《か》へ《（え）》ず」と対《たい》して云《い》ふ《（う）》。其《そ》の意《い》極《きわ》めて深《ふか》し。

安政《あんせい》三年（一八五六）八月以降「武教全書講録《ぶきょうぜんしょこうろく》」

【訳】

そもそも古人の「主君に誠を尽くす家臣は二人の主君に仕えない」という言葉を「節操堅固な女性は二人の夫に仕えない」と対にしていう。その意義は極めて深い。

【解説】

松陰は「己《おの》れに発《はっ》して自《みずか》ら尽《つ》くすを忠《ちゅう》と為《な》す（自分のまごころから発し、自分から尽くすことを忠という）」という。つまり、忠とはかつて、相良亨《さがらとおる》氏が述べたように、「已《や》むを得《え》ざるの情《じょう》」に発するものと見ることができる。そう考えると、その内に何らかの脆弱性《ぜいじゃくせい》を秘めていることは間違いない。すなわち、永続性及び方向性の欠如である。松陰はこのことを十分に分かっていたからこそ、殊更に理論武装の必要性を論じ、学問を奨励したのであろう。松陰のいう学問が単なる知識・技芸の修得でないことが分かる。

松陰は「忠臣《ちゅうしん》は二君《にくん》に事《つか（え）》へず」と男子に説いた。これと対になる概念として、

「列女《れつじょ》は二夫《にふ》を更《か》へ《（え）》ず」と女子に説いた。男子に対して学問を奨励したとすれば、女子に対しても同様であったことは間違いない。

　また、この教えこそ、学問という理論武装を経て、松陰が身に付けたものだったのであろう。

■節操を守ることの大切さ

今世《こんせ》淫泆《いんいつ》の婦《よめ》は往々《おうおう》聞《き》くことあれども、貞烈《ていれつ》の婦《よめ》に至《いた》りては寥々《りょうりょう》乎《こ》として響《きょう》を絶《ぜっ》す。然《しか》れば礼儀《れいぎ》聊《いささ》か其《そ》の旧《きゅう》を存《そん》すと雖《いえど》も、其《そ》の義《ぎ》は已《すで》に泯没《みんぼつ》せり。余常《よつね》に窃《ひそ》かに是《こ》れを過憂《かゆう》して乱亡《らんぼう》の先兆《せんちょう》とす。

安政《あんせい》三年（一八五六）八月以降「武教全書講録《ぶきょうぜんしょこうろく》」

【訳】

今の世において遊興《ゆうきょう》にふけり男女関係にだらしのない婦人のことはよく耳にするが、節操を守る婦人の存在は物寂しい状況で絶えて耳にしない。つまり礼儀はなんとか昔の型が残っているが、その意義はすでに失われている。私はいつもひそかにこれを世が乱れて滅びる前触れではないかと大変心配している。

【解説】

安政六年三月、松陰は、「寅《とら》は不孝不忠《ふこうふちゅう》の人《ひと》なり、野山《のやま》に繫囚《けいしゅう》せられ方《まさ》に賊子《ぞくし》奸婦《かんぷ》と伍《ご》を為《な》す（私は不孝・不忠者であります。再び、野山獄に収監され、将に、反逆者や毒婦と仲間となっております）」と記している。この「奸婦」とは同囚高須《たかす》久子《ひさこ》であろう。

高須久子を松陰生涯一度の恋人などという説もある。しかし、松陰が「奸婦」と記し、また、「淫泆《いんいつ》の婦《よめ》」は国家「乱亡《らんぼう》の先兆《せんちょう》」と考えていたことも事実である。

翻《ひるがえ》って、現在の我が国を考えれば、寒心《かんしん》せざるを得ない教えである。

■婦人への教戒の大切さ（1）

今世貞烈《こんせていれつ》の婦《よめ》に乏《とぼ》しき所以《ゆえん》は、父兄《ふけい》の教戒《きょうかい》至《いた》らざるなり。父兄《ふけい》の教戒《きょうかい》至《いた》らざる所以《ゆえん》は、其《そ》の自《みずか》ら君父《くんぷ》に事《つか（う）》ふる、忠孝《ちゅうこう》の心《こころ》なければなり。

安政《あんせい》三年（一八五六）八月以降「武教全書講録《ぶきょうぜんしょこうろく》」

【訳】

今の世に節操を守る婦人が少ない理由は、父兄の教戒が行きわたっていないからである。父兄の教戒が至らない理由は、彼らが君主や父にお仕えする際に忠孝のまごころがないからである。

【解説】

松陰は「今世《こんせ》貞烈《ていれつ》の婦《よめ》に乏《とぼ》しき所以《ゆえん》は」「父兄《ふけい》」に「忠孝《ちゅうこう》の心《こころ》」がないからという。この背景にあったのは、この講義直前まで行われた、松陰と宇都宮黙霖《うつのみやもくりん》との「痛烈なる論争」であろう。論点は諫幕《かんばく》か倒幕《とうばく》かにあった。その際、松陰は「僕《ぼく》は毛利家《もうりけ》の臣《しん》なり。故《ゆえ》に日夜《にちや》毛利《もうり》に奉公《ほうこう》することを錬磨《れんま》するなり。毛利家《もうりけ》は天子《てんし》の臣《しん》なり、故《ゆえ》に日夜天子《にちやてんし》に奉公《ほうこう》するなり。吾《わ》れ等国主《らこくしゅ》に忠勤《ちゅうきん》するは即《すなわ》ち天《てん》子《し》に忠勤《ちゅうきん》するなり。然《しか》れども六百年来我《ろっぴゃくねんらいわ》が主《しゅ》の忠勤《ちゅうきん》も天子《てんし》へ竭《つく》さざること多《おお》し。実《じつ》に大罪《たいざい》をば自《みずか》ら知《し》れり。我《わ》が主六百年来《しゅろっぴゃくねんらい》の忠勤《ちゅうきん》を今日《こんにち》に償《つぐな(わ)》はせ度《た》きこと本意《ほんい》なり〔僕は毛利家の家臣である。だから、いつも毛利家へのご奉公を磨いている。毛利家は陛下の家臣である。だから、いつも陛下にご奉公している。私共が藩主に忠義を尽くして勤めることは、すなわち陛下に忠勤することである。しかしながら、六百年にわたって我が主人も陛下に忠勤を尽くしてこられなかったことも多い。大罪であることを私は分かっている。だから、我が主人の陛下への六百年来の（欠いてきた）忠勤を償わせたいということが本心である）」と述べている。松陰はこの時「忠」「忠義」のことで苦悩していた。あるいは、これがこの講義・教えとなったものか。問題は、武士である父兄の心にあると松陰は見ていた。

■諸悪の根源——男子の忠の欠如

滔々《とうとう》たる父兄《ふけい》、要《よう》は皆其《みなそ》の忠心《ちゅうしん》なし、故《ゆえ》に児女其《じじょそ》の教戒《きょうかい》を聞《き》かず。児女其《じじょそ》の教戒《きょうかい》を聞《き》かず、故《ゆえ》に人《ひと》の妻《つま》となりて貞烈《ていれつ》の節顕《せつあら(わ)》はれず、人《ひと》の母《はは》となりて其《そ》の子《こ》を教戒《きょうかい》することを知《し》らず。是《こ》れ父兄女孫曚《ふけいじょそんもう》昧《まい》にして無教戒《むきょうかい》の世界《せかい》に生死《せいし》す。ここに於《お》いてか烈女《れつじょ》なく忠臣《ちゅうしん》なし。

安政《あんせい》三年（一八五六）八月以降「武教全書講録《ぶきょうぜんしょこうろく》」

【訳】

世俗の風潮に従う父兄は、要するに誰も皆忠という誡がない。だから子供や女子は教戒を聞かず、そのために人の妻となっても節操は顕れず、人の母となってもその子供を教戒することができない。それゆえ父兄や女子・子孫は道理を知らず教戒のない世界で生涯を送るのである。この結果節操を守る婦人はおらず、忠義を貫く臣下もいないのである。

【解説】

松陰は、「父兄女孫《ふけいじょそん》」を「無教戒《むきょうかい》の世界《せかい》」に置くことに、警鐘を鳴らしている。それはまた、「烈女《れつじょ》なく忠臣《ちゅうしん》なし」という結果を招来《しょうらい》する。将に悪のスパイラルである。

これを見れば、心ある男子育成のためにのみ女子教育の重要性を説いたわけではないことは明らかである。松陰は男女の区別はするが、決して女性を差別するような人物ではないことが分かる。

■婦人への教戒の大切さ（2）

欧陽公《おうようこう》、王凝《おうぎょう》が妻《つま》の事《こと》を引《ひ》いて馮道《ふうどう》を議《ぎ》す、其《そ》の深意《しんい》亦《また》推《お》して知《し》るべし。有志《ゆうし》の士念《しねん》を起《おこ》して茲《ここ》に至《いた》らば、安《いずく》んぞ惻然惕然《そくぜんてきぜん》女子《じょし》の教戒《きょうかい》に惓々《けんけん》せざることを得《え》んや。

安政《あんせい》三年（一八五六）八月以降「武教全書講録《ぶきょうぜんしょこうろく》」

【訳】

歐陽脩《おうようしゅう》が、王凝《おうぎょう》の妻のことを取り上げて馮道《ふうどう》の無節操ぶりを論じているが、その深意は簡単に推測できる。志のある武士が奮起してこれをみれば、どうして痛み恐れて女子の教戒に熱心にならないであろうか、熱心になるはずである。

【解説】

王凝《おうぎょう》はシナ五代周の人。妻の李氏は「断臂貞妻《だんぴのていさい》」として有名である。李氏は王凝の死後、一子を連れて夫の亡骸を背負ってある宿に入ろうとしたところ、宿の主人はこれを拒否し、李氏を連れ出そうとして臂《ひじ》に手をかけた。李氏は他の男に臂を触られたことを恥じ、自分の臂を断ち切って王凝への貞節を示したといわれる故事である。また、馮道《ふうどう》はシナ五代十国時代の政治家で、五朝八姓十一君に仕えた。売国奴《ばいこくど》、変節漢《へんせつかん》と呼ばれ、歐陽脩は馮道を「無廉恥漢《むれんちかん》（破廉恥《はれんち》）」と評している。

松陰がこれほど熱心に女子教育の重要性を男子に説くのは、男子に学問を促す意図からであろうか。

■孝を尽くす婦人

安政丙辰《あんせいへいしん》、藩命《はんめい》、孝義《こうぎ》(者《もの》)を旌表《せいひょう》す。ここに於《おい》て、都濃郡《つののぐん》に正《まさ》あり、吉敷郡《よしきぐん》に石《いし》あり、皆孝婦《みなこうふ》なり。(中略)正《まさ》は一身《いっしん》にて老父母《ろうふぼ》を養《やしな》ふ《(う)》、贅壻《ぜいせい》一《ひと》たび去《さ》つ《(っ)》て永《とこしえ》に誓《ちか》つ《(っ)》て嫁《か》せず。石《いし》は空閨《くうけい》病《や》める舅姑《きゅうこ》を奉《ほう》じ、貞節《ていせつ》夫《おっと》を感《かん》ぜしめ、夫復《おっとま》た出《い》でず。是《こ》れ皆今《みないま》の世《よ》に少《まれ》なる所《ところ》なり。而《しこう》して正《まさ》は年九十四《としきゅうじゅうよん》、石《いし》は年六十八《としろくじゅうはち》、生存《せいぞん》して今《いま》に迄《いた》る。

安政《あんせい》四年(一八五七)五月「討賊始末《とうぞくしまつ》」

【訳】

安政三年丙辰《ひのえたつ》、藩政府は孝行者の名前を村の入り口に掲示した。その際、都濃郡に正、吉敷郡に石がおり、皆孝を尽くす婦人である。（中略）正は一身で老いた父母を養い、入り婿が離縁し去った後も永遠に誓って再婚しなかった。石は夫が失踪していた時、病気に苦しむ夫の父母に仕え、その操は夫を感動させ、夫は二度と失踪しなかった。これは皆今の世には稀なことである。そして正は九十四歳、石は六十八歳、今も元気でいる。

【解説】

松陰は「古人《こじん》も忠臣《ちゅうしん》を求《もと》むるは孝子《こうし》の門《もん》に於《おい》てし、事《こと》に臨《のぞ》み節《せつ》に死《し》するの士《し》を求《もと》むるは、平時《へいじ》直言《ちょくげん》の士《し》に於《おい》てすべしと云《い》へ《（え）》ば、志気《しき》を培養《ばいよう》するは兎角《とかく》平素《へいそ》に在《あ》ることとなり（昔の人も、「忠臣を求めるには孝行な子供がいる家を訪ねるのがよい。国家の大事に節義を守り抜く人物を求めようとすれば、日頃から直言する人物から求めるのがよい」といっている通りで、志気を養うことは日頃の平穏無事な時に行うべきことである)」という。ここから、長きにわたって親に孝養を尽くし続けた正と石を絶讃する理由も分かる。平穏な日常の生活態度、これこそが男女を問わず、全ての基本と考えていたのであろう。

第六章　母への想い

覚悟を定め、
一点の曇りもないが、
やはり心を震わせるのは母のこと。
母にも子にも涙はない。
しかし、涙のない別れは、
泣き叫ぶ別れより、なお痛ましい。

■母に伝えたい思い

甲寅《こういん》の冬《ふゆ》、余《よ》肥後藩士《ひごはんし》と同《おな》じく伊勢《いせ》に過《よぎ》り、翁《おう》を山田《やまだ》に訪《と(う)》ふ。談《だん》、肥藩井口氏《ひはんいぐちし》の母其《ははそ》の子《こ》の東役《とうえき》を送《おく》る歌《うた》に及《およ》ぶ。

【参考】「井口忠三郎母その子を送る歌」

名《な》を四方《よも》に揚《あ》げつつ帰《かえ》れ、帰《かえ》らずば、おくれざりしと母《はは》にきかせよ

安政《あんせい》四年（一八五七）八月「足代権太夫《あじろごんだゆう》の書《しょ》に跋《ばっ》す」

【訳】
安政元年の冬、私は肥後藩士野口直之允《のぐちなおのじょう》と共に伊勢に行き、足代権太夫翁《あじろごんだゆうおう》を山田に訪ねた。話は、肥後藩士井口忠三郎《いぐちちゅうざぶろう》の母が井口を送る歌に及んだ。

【参考】「井口忠三郎母その子を送る歌」
武名を四方に揚げつつ帰りなさい。（戦死し）帰らないのなら、戦陣で他者に後《おく》れはとらなかったと、母の耳に入れよ。

【解説】
松陰と肥後藩の同志野口直之允は、「墨夷膺懲《ぼくいようちょう》」（＝ペリー刺殺）作戦を胸に秘め、江戸下りの途中で伊勢の足代権太夫を訪ねる。その時に耳にした肥後藩士井口の母の歌である。これを敢えて記したことに、松陰と野口の覚悟をうかがい知ることができる。

■母の功績

足下《そっか》、不朽《ふきゅう》の大事《だいじ》を以《もっ》て阿弟《あてい》に譲《ゆず》り、阿弟《あてい》喜《よろこ》びて之《こ》れを受《う》く。而《しか》も天猶《てんな》ほ《(お)》足下《そっか》を不朽《ふきゅう》にせんと欲《ほっ》す、足下《そっか》亦《また》喜《よろこ》びて之《こ》れを受《う》けんのみ。但《た》だ慈母《じぼ》の情《じょう》憐《あわれ》むべし。然《しか》れども二子《にし》不朽《ふきゅう》ならば、母《はは》も亦《また》不朽《きゅう》なり。人生《じんせい》欻忽《くっこつ》、百年《ひゃくねん》夢幻《むげん》なり、唯《た》だ人《ひと》の天地《てんち》に参《さん》じ、動植《どうしょく》に異《ことな》るは、不朽《ふきゅう》を去《さ》りて、更《さら》に別法《べっぽう》なし。

安政《あんせい》六年(一八五九)二月二十九日「子遠《しえん》に与《あた》ふ《(う)》」

【訳】

杉蔵、お前は朽ちることのない大事業を弟和作に譲り、弟は喜んでこれを受けた。しかし、天はまだお前を不朽の英雄にしようと望んでおられる。お前は喜んでこれを受けるだけである。ただ、母上のお気持ちは憐れむべきものである。しかし、お前たち二人の兄弟が不朽であれば、それを育てられた母上もまた不朽である。人生は一瞬であり、百年といっても夢幻のようなものである。ただ、人間がこの天地に立ち、動植物と違うのは、この不朽という事業をおいて、他にはない。

【解説】

松陰は「武教全書講録」に『小学』の「身体髪膚受之父母《しんたいはっぷこれをふぼにうく》、不敢毀傷《あえてきしょうせざるは》、孝之始也《こうのはじめなり》。立身行道《みをたてみちをおこない》、揚名於後世《なをこうせいにあげ》、以顕父母《もってふぼをあらわすは》、孝之終也《こうのおわりなり》」（我が身体は全て父母からいただいたものであり、それを傷付けないのが、孝の出発点である。立派な人となり正しい生き方をして後世にまで名前が残るような人間となって、父母を世に顕《あらわ》すことが孝の終着点である）」との教えを引いている。その窮極は「母」を「不朽」とすることであろうか。逆に武士の母たる者は、この気持ちを理解できる人たれということか。

■母の思い（1）

和《わ》作《さく》脱走《だっそう》して、事《こと》に伏見《ふしみ》に趣《おもむ》き、杉蔵《すぎぞう》坐《ざ》して揚屋《あがりや》に繋《つな》がる。余其《よそ》の母氏《ぼし》の聊頼《りょうらい》なきを慮《おもんぱか》り、獄胥孫助《ごくしょまごすけ》を遣《つか(わ)》はして之《こ》れを候《うかが(わ)》はしむ。母氏《ぼし》方《まさ》に紡車《ぼうしゃ》に倚《よ》り忠臣庫《ちゅうしんぐら》を覧《み》る。孫助《まごすけ》に謂《い(っ)》つて曰《いわ》く、「二児《にじ》のここに至《いた》る、初《はじ》めは実《じつ》に驚怛《きょうだつ》せり。但《ただ》し田公《でんこう》すら繋《つな》がる、況《いわん》や吾《わ》が児《こ》をや。吾《わ》れ甚《はなはだ》しくは哀《かな》しまざるなり」と。（中略）杉蔵《すぎぞう》、氏《うじ》は入《いり》江《え》、母《はは》は村上氏《むらかみし》、時《とき》に年《とし》五十五《ごじゅうご》なり。

安政《あんせい》六年（一八五九）四月朔日「江母《こうぼ》の事《こと》を紀《き》す」

【訳】

弟の野村和作は藩を脱走して、国事で伏見へ行き、兄の入江杉蔵はそれに連座して獄に収監された。私はその母満智子が心から頼るものがないことを心配して、獄卒孫助を派遣して様子をうかがわせた。母満智子はそのとき糸を紡ぐ車に寄りかかって『忠臣蔵』を読んでいた。孫助に向かい、「二人の子供がこのようになった。最初は大変びっくりした。しかし、松陰先生でさえ収監されておられる。ましてや我が子たちはいうまでもない。だから、私はそれほど悲しんではいない」と話したということだ。（中略）杉蔵、氏は入江。母は村上氏の出、時に五十五才である。

【解説】

入江杉蔵・野村和作兄弟の、母満智子への思いやり。しかし、満智子は「田公《でんこう》すら繋《つな》がる、況《いわん》や吾《わ》が児《こ》をや。吾《わ》れ甚《はなは》だしくは哀《かな》しまざるなり」と話したという。これが武士の母であろう。さすがというべきか。

■母の思い（2）

慈母《じぼ》の訣語《けつご》亦《また》何《なん》ぞ其《そ》れ哀痛《あいつう》なるや。涙《なみだ》なきも涙多《なみだおお》きより哀《かな》し、哭《こく》せざるも痛哭《つうこく》するより惨《いたま》し。「死《し》すとも亦何《またなん》ぞ憾《うら》みん」と。憾々極《かんかんきわ》まることなし。

安政《あんせい》六年（一八五九）四月二十四日

「范滂《はんぼう》、子《こ》を顧《かえり》みるの語《ご》を釋《しゃく》す　二十四日《にじゅうよっか》　子遠《しえん》に贈《おく》る」

【訳】

慈悲深い母の別れの言葉は何と哀しく痛ましいものであろうか。涙のない別れは多くの涙を流す別れより哀しい。大声で嘆き泣かない別れは、痛み泣き叫ぶ別れより痛ましい。（母は別れに際し）「お前が死んだとしてもどうして恨もうか、恨みはしない」といった。恨みは尽きない。

【解説】

「汝《なんじ》、今李杜《いまりと》と名《な》を斉《ひと》しう（しゅう）することを得《え》たり。死《し》すとも亦何《またなん》ぞ憾《うら》みん。既《すで》に令名《れいめい》あり、復《ま》た寿考《じゅこう》を求《もと》むるも兼《か》ね得《う》べけんや（お前は、今死ぬことで後漢の清節の士李膺《りよう》や杜密《とみつ》と名声を等しくするのだ。なぜ恨むことがあろうか、恨みはしない。すでに高い名声を受けているのに、その上生きてほしいと思うのは欲張りというものだ）」という言葉が范滂《はんぼう》への「慈母《じぼ》の訣語《けつご》」である。

松陰は母及びその子范滂《はんぼう》共に絶讃している。

■母だけが分かればよい

子遠《しえん》、獄《ごく》に投《とう》ぜられ、以《もっ》て母《はは》の憂《うれい》を慰《なぐさ》むるなく、独《ひと》り自《みずか》ら痛念《つうねん》す。（中略）然《しか》りと雖《いえど》も、君子《くんし》は当《まさ》に道《みち》を知《し》るべし。子遠《しえん》の孝《こう》は母《はは》に孝《こう》するなり。義卿《ぎけい》の忠《ちゅう》は君《きみ》に忠《ちゅう》するなり。君《きみ》に忠《ちゅう》し母《はは》に孝《こう》す、豈《あ》に他人《たにん》の預《あずか》り知《し》る所《ところ》ならんや。（中略）嗟《ああ》、我《わ》れら吾《わ》が誠《まこと》を積《つ》みて已《や》まずんば、当《まさ》に君《きみ》と母《はは》と一《ひと》たび之《こ》れを知《し》るの時《とき》あるべし。苟《いやしく》も一《ひと》たび君《きみ》と母《はは》とに知《し》られなば、其《そ》の他《た》は言《い》ふ《（う）》に足《た》らざるなり。

安政《あんせい》六年（一八五九）五月二日「知己難言《ちきなんげん》」

【訳】

入江杉蔵は投獄されて以後、母満智子の憂いを慰める術《すべ》もなく、独り心を悩ませていた。（中略）しかしながら、心ある立派な人物は道理を知るべきである。入江の孝行は母満智子に孝行するものである。私の忠は主君に忠を捧げるものである。そして、主君に忠を捧げるとともに、母にも孝行しているのである。どうして他者が知るところであろうか、ありはしない。（中略）私共が吾が誠を積んで止めないのであれば、いつかは主君と母がこれを知る時があるであろう。仮にも主君と母に知られるのであれば、それ以外の誰に知ってほしいということがあろうか、ありはしない。

【解説】

「苟《いやしく》も一《ひと》たび君《きみ》と母《はは》とに知《し》られなば」、これが節義に生きる武士を支えた思いであろう。主君はいうまでもない。母たる者は、そんな息子の歩みや思いを、しっかりと受け止められる女丈夫たれという教えであろう。

必ず分かってくれると母瀧子を信じきって、忠孝一致の道を歩む松陰。忠義と孝行の間で迷い続ける入江杉蔵。「母上様が分かってくだされればいいじゃないか」という、松陰の声が聞こえてくるようである。

■松陰の母（1）

太夫人《たいふじん》性仁愛勤倹《せいじんあいきんけん》、克《よ》く事《こと》に耐《た》ふ《(う)》。初《はじ》め杉氏《すぎし》家貧《かひん》、廬《いおり》を城東護国《じょうとうごこく》山《やま》の南麓《なんろく》に結《むす》び、耕読《こうどく》を業《ぎょう》とす。太夫人《たいふじん》先君《せんくん》に従《したが》ひ《(い)》て野《の》に耕《こう》し、山《やま》に樵《きこ》り、時《とき》の寒熱《かんねつ》、身《み》の労逸《ろういつ》を顧《かえり》みるに遑《いとま》あらず、備《つぶ》さに稼穡《かしょく》の艱難《かんなん》を嘗《な》め、或《あるい》は自《みずか》ら馬《うま》を牧《ぼく》するに至《いた》る。後先君出仕《のちせんくんしゅっし》、外《そと》に在《あ》ること六年余《ろくねんよ》、而《しこう》して素《もと》より婢僕《ひぼく》を役《えき》する能《あた》は《(わ)》ず。太夫人代《たいふじんかわ》りて家《か》事《じ》を理《おさ》め、田圃《たんぼ》を耕《たがや》す、其《そ》の勤労《きんろう》知《し》るべし。太夫人《たいふじん》の入《い》りて婦《よめ》となる、舅《しゅうと》に見《まみ》ゆるに及《およ》ばず、姑《しゅうとめ》に事《つか》へ《(え)》て至孝《しこう》なり。

明治《めいじ》二十三年（一八九〇）九月「太夫人實成院行状《たいふじんじつじょういんぎょうじょう》」杉民治《すぎみんじ》編《へん》

【訳】

母瀧子は生まれつき慈《いつく》しみに溢れて勤勉かつ倹約家であり、よくあらゆることに当たった。初め杉家は貧乏で、家を萩城下東方の護国山《ごこくやま》南麓に構え、田畑作りや学問を行った。母瀧子は父百合之助に従って野良で耕作し、山で木を刈り、その時の寒暑や労苦を考える暇さえなかった。百姓仕事の苦しみや辛さをことごとく経験し、一方では自分で馬の世話まで行った。その後父百合之助がお城奉公となり、六年間お城住みとなったが、もちろん人を雇うことなどできなかった。母瀧子が父に代わって一手に家のことを処理し、田んぼを耕作した。その心身を労して勤め励んだことは分かるであろう。母瀧子は嫁いで来て杉家の嫁となった。舅七兵衛はすでに死んでおり、仕えることはできなかったが、姑にお仕えして極めて孝行であった。

【解説】

松陰の母瀧子に関する史料は少ない。その中で、長子であり、松陰の兄民治

（梅太郎のこと）が記したこの「太《たい》夫《ふ》人《じん》實《じつ》成《じょう》院《いん》行《ぎょう》状《じょう》」は大変貴重なものである。

松陰の女性観の中心にあったのはこの母瀧子であろう。この母がいたからこそ、松陰があったのである。

松陰が妹たちに語った教えは、この母の姿に学んだことであったのだろう。

■松陰の母（2）

姑《しゅうとめ》の妹《いもうと》岸田氏《きしだし》亦貧《またひん》、杉氏《すぎし》に寄食《きしょく》する、年《とし》あり、且《か》つ久《ひさ》しく病《や》んで床《とこ》に臥《ふ》す。時《とき》に民治《みんじ》猶《な(お)》ほ五六歳《ごろくさい》、寅次郎三四歳《とらじろうさんよんさい》にして、芳子《よしこ》は僅《わず》かに一二歳《いちにさい》のみ。太夫人《たいふじん》三子女《さんしじょ》を携《たずさ(え)》へ、扶持看護《ふちかんご》到《いた》らざるなく、遂《つい》に其《そ》の汚穢《おあい》を洗滌《せんじょう》するも以《もっ》て意《い》とせず。姑《しゅうとめ》氏《し》泣《な》きて之《こ》れを謝《しゃ》し、観《み》る者為《ものた》めに涙《なみだ》を垂《た》る。太夫人《たいふじん》之《こ》れに処《お》り終始《しゅうし》渝《かわ》らず、一《いっ》に晏如《あんじょ》たり。太夫人《たいふじん》貧困《ひんこん》の中《なか》に在《あ》りて、最《もっと》も心《こころ》を子女《しじょ》の教育《きょういく》に用《もち》ひ《(い)》、諄々訓誨《じゅんじゅんくんかい》、家事《かじ》を以《もっ》て學業《がくぎょう》を欠《か》かしめず。先君《せんくん》の弟《おとうと》玉木正《たまきまさ》韞《かぬ》君人《くんひと》と為《な》り峻厳《しゅんげん》、輒《たやす》く人《ひと》を許《ゆる》さず、乃《すなわ》ち称《しょう》して丈夫《じょうふ》の及《およ》ぶ能《あた(わ)》はざる所《ところ》となす。

明治《めいじ》二十三年（一八九〇）九月「太夫人實成院行状《たいふじんじつじょういんぎょうじょう》」杉民治編《すぎみんじへん》

【訳】

姑の妹岸田氏もまた貧乏であり、杉家に寄宿した。高齢であり、加えて長い間病気で苦しんでいた。その時に民治はまだ五、六歳、寅次郎三、四歳であり、千代はわずかに一、二歳であった。母瀧子はこれら三人の子供をかかえ、叔母岸田氏の世話や看護に行きわたらないことはなく、ついにその汚物の洗濯さえも気にすることはなかった。その姿に姑は泣いて感謝し、周りの者も皆涙した。母瀧子はずっとこのような生き方を続けて終始変わらず、何もなかったかのように安らかで落ち着いていた。母瀧子は貧困の中にあっても、心を最も子女の教育に払った。丁寧に諭し教え、家の用事を理由に学問を欠かすようなことはさせなかった。父百合之助の弟玉木文之進は生まれつき極めて厳しい人であり、滅多に他者を褒めることはなかったが、その玉木が母瀧子を「立派な益荒男《ますらお》でさえ、姉上様には及ぶものではない」と評した。

【解説】

松陰の兄梅太郎は、母瀧子のことを、苦しい生活の中でも、「最《もっと》も心《こころ》を子女《しじょ》の教育《きょういく》に用《もち》」い、子供たちを「諄々訓誨《じゅんじゅんくんかい》」し、「家事《かじ》を以《もっ》て學業《がくぎょう》を缺《か》かしめ」ず、それを、あの厳格一本であった叔父玉木文之進《たまきぶんのしん》が「称《しょう》して丈夫《じょうふ》の及《およ》ぶ能《あた(わ)》はざる所《ところ》」と評したと記している。

この史料は、長子梅太郎が母のことを書いたものであるということ、また、梅太郎の性格なども考え合わせれば、これでもかなり抑えめに書いたと思われる。それでいて、ここまで瀧子のことを賞賛しているのである。

この母なればこそ、松陰も育ったというべきか。

■泣きは致しません

○最後《さいご》の江戸《えど》行《ゆ》き（中略）父《ちち》は申《もう》すまでもなく、母《はは》も気丈《きじょう》な人《ひと》でしたから、心《こころ》には定《さだ》めし不安《ふあん》もあつ（っ）たので御座《ござ》いませう（しょう）が、涙一滴《なみだいってき》こぼしもせず、私共《わたしども》に致《いた》しましても、たとへ（え）如何《いか》なる事《こと》があるとも、斯《かか》る場合《ばあい》に涙《なみだ》をこぼすと申《もう》すことは、武士《ぶし》の家《いえ》に生《うま》れた身《み》として此《こ》の上《うえ》もない恥《はず》かしい女々《めめ》しいことと考《かんが》へ（え）て居《お》りますから、胸《むね》は裂《さ》けるほどに思《おも》ひ（い）ましても、誰《た》れも泣《な》きは致《いた》しませんでした。

大正《たいしょう》二年（一九一三）一月「家庭《かてい》の人《ひと》としての吉田松陰《よしだしょういん》」児玉芳子《こだまよしこ》

【訳】

兄松陰の最後の江戸行き（について）（中略）父はいうまでもなく、母も気の確かな人でしたから、心中には不安もあったのでしょうが、涙一滴こぼしませんでした。私共も、例えどんなことがあっても、このような時に涙をこぼすということは、武士の家に生まれた身としてはこの上なく恥ずかしく女々しいことと思っておりますから、胸は張り裂けるように思っておりましても、誰も泣きは致しませんでした。

【解説】

私事を記す。やっと生まれた孫であった私を最も可愛がってくれた祖母トシは、明治十九年、かつて萩藩先山代宰判《さきやましろさいばん》で代官をしていた林家の娘として生を享《う》けた、将に武士の娘であった。維新後の没落士族とはいえ、今以てどうして我が家のような下賤な家に嫁いできたのかが分からない。その祖母の教えで今も心に残っていることが、これである。

「武士の子は人様の前で涙を流すものではありません」。恥ずかしながら私は今もその教えを全く守れていない。

松陰の妹千代の「泣きは致しませんでした」との一言。これこそ本物の武士の娘の姿である。

おわりに

吉田松陰先生には、「男子が武士道を守ったとしても、婦人が道を失えば家は治まらない」との危機感があり、その責任は男子にあるとの自覚があった。そのため、先生が生涯にわたって妹たちに説かれたのは、心のあり方である。それは、「正直」であれ、「正しき気」をもて、「心清ければよし」との教えであった。先生が妹たちに「学問」を奨励されたのは、その故である。

注目すべきは、安政三年八月、先生が「凡《およ》そ生《せい》を天地間《てんちかん》に稟《う》くる者《もの》、貴《き》となく賤《せん》となく、男《おとこ》となく女《おんな》となく、一人《ひとり》の逸居《いっきょ》すべきなく、一人《ひとり》の教《おしえ》なかるべきなし。然《しか》る後《のち》初《はじ》めて古道《こどう》に合《あ（う）》ふと云《い（う）》ふべし（そもそもこの世の中に人として生まれた者は、身分や性別にかかわらず、一人として怠けて気ままにしているべきではなく、一人として教えないでいいというものはない。こうして初めて昔からの正しい教えに及ぶというべきである)」といい、翌四年閏《うるう》五月、「女《おんな》は当《まさ》に人《ひと》に適《てき》すべし、而《しか》も漸《すす》んで訓誨《くんかい》せられず（女は他者に合わせるべきであるが、すすんで訓誡されない）」と述べていることである。ここから、私は、先生は女性を区別されることはあったが、差別、いわゆる「男尊女卑《だんそんじょひ》」的な発想は希薄《きはく》だったのではないかと考えている。また、武家の娘は、父兄が戦死した際には父兄になり代わって家を守るという定めを必然的に負っているという特殊性も理解されていたと思う。

更に、嫁げばこれに「母」という責任が加わる。先生はいわゆる「幼児教育」を重視され、妹たちに対してその実践を指示していた。先生は、妹千代に対して「十歳已下《じゅっさいいか》は母《はは》のをしへ《（教え）》を」受けることが多く、とりわけ「小児《しょうに》」に言葉の教育はできないので、「正《ただ》しき」ものを感じさせて導くほかにないことから、母たる者は学問によって一層正しい心をもて、と説いている。（本書一五二参照）

また、安政三年八月の「武教全書講録」以降、理想ともいうべきあっぱれな女性像を提示されたことも、妹たちへの教育の一環だったものと思われる。

先生が、妹たちへのこれらの教えを、志士として、あるいは松下村塾の主宰者として活動されていた全生涯を通じて継続されていたという事実は、妹たちのことを真摯な姿勢で考えていらっしゃった証左となろう。私はここに改めて、先生の、真に妹たちのことを思う優しさを感じる。

以上に見られる先生の女子訓の基底にあったのは、母瀧子の存在とその教育であろう。母瀧子は、将に「真白き富士のけだかさ」を胸に秘め、「姉さんかぶりで」「汗を流し」「働く」母であった。それは、先生にとって将に自慢の、武家の女性としての理想の姿だったものと思われる。

我が国最大のピンチであった幕末期を生きた女性は決して弱いだけの存在ではなかった。翻って、それに勝るとも劣らない状況にある今、一人でも多くの女性が松陰先生の教えに学び、心ある真の大和撫子となられることを祈念して、擱筆《かくひつ》する。

川口雅昭

【主要参考文献】

山口県教育会編『吉田松陰全集』岩波書店、昭和十年
山口県教育会編『吉田松陰全集』岩波書店、昭和十五年
山口県教育会編『吉田松陰全集』大和書房、昭和四十七年
吉田庫三『松陰先生女訓』民友社、明治四十二年
山口県文書館編修『防長風土注進案　第二十二巻　研究要覧』山口県立山口図書館、昭和四十一年
吉田祥朔『増補近世防長人名辞典』マツノ書店、昭和五十一年
福本義亮『松下村塾をめぐりて（復刻版）』マツノ書店、平成十年

※本書には引用史料に差別的な表現が含まれておりますが、古典籍の現代語訳であることを鑑み、底本通りの文章および現代語訳を掲載しました。

〈著者略歴〉

川口雅昭（かわぐち・まさあき）

昭和28年山口県生まれ。53年広島大学大学院教育学研究科博士課程前期修了。山口県立高校教諭、山口県史編さん室専門研究員などを経て、平成10年岡崎学園国際短期大学教授。12年より人間環境大学教授、現在に至る。吉田松陰研究は18歳の頃より携わる。編書に『吉田松陰一日一言』『「孟子」一日一言』、著書に『吉田松陰四字熟語遺訓』『吉田松陰名語録 人間を磨く百三十の名言』『大教育者のことば』『吉田松陰』『吉田松陰に学ぶ男の磨き方』（いずれも致知出版社）などがある。

吉田松陰の女子訓

平成二十七年三月十五日第一刷発行

著　者　川口　雅昭

発行者　藤尾　秀昭

発行所　致知出版社

〒150-0001東京都渋谷区神宮前四の二十四の九

TEL（〇三）三七九六—二一一一

印刷・製本　中央精版印刷

落丁・乱丁はお取替え致します。　（検印廃止）

ISBN978-4-8009-1050-9 C0095

ホームページ　http://www.chichi.co.jp

Eメール　books@chichi.co.jp